墨家智謀

高衛華
郭化夷◎著

「中國智謀叢書」總序

人類文明的發軔，意味著人類智謀的萌生。智謀象徵著文明，也在不斷地推動著文明的進步和發展。在這漸進的過程中，人類智謀有形或無形地生成，也在自覺或不自覺地被運作。

歲月之逝如流，歷史悄然無聲地浸潤著現實，未來無窮的時空遠沒有得到探究，人們的身後已經是悠悠的歷史長河。滄海桑田，世事變遷，智謀興廢，都是社會文明前行時造就的永恆現象。古往今來，在中國的土地上，由不同時代的人們代代相續上演的故事，在某種程度上可以說是智謀的生成史、運作史。

英雄創造時勢和時勢創造英雄不可分離，不爭的事實是「江山如此多嬌，引無數英雄競折腰」。而在英雄之前或者英雄之後，智者總爲生活而騰躍，無論他們是否爲社會所重。

並非智者無敵，常有人的良計不被用，上策不能行。這或者是因爲自己無能力付諸實施，又不爲他人所識，不以其計爲良計，不以其策爲上策；或者是不占天時，不處地利，又沒有人和。這樣說不是要否定智謀，而是要說智謀的有用與無用不完全取決於智謀自身。應該看到，人無智謀則無能力，古人所尙的立德、立功、立言的「三不朽」便成虛話，社會也將停滯或者倒退。一個人難以做到「三不朽」，人們往往只說是其才力所致，其實還應看其有無智謀，何況智謀有深有淺、有大有小、有遠有近。

人的進取和社會的前行是不可逆轉的，主張逆轉的人未嘗不是懷著一種治理社會的智謀，但他們通常背離了社會的運行規律，不合於時而不能用於世；而有智謀的人，誰不想有用於世，用自己的智謀創造一種新的生活呢？不同的是，有人用智謀爲己，有人用智謀爲人。

生活的多彩和不同時代、不同社會環境對人性情的塑造，以及人們所面臨的不同機遇，使天下人的智謀各不相同。不過，人的共性和社會的共性導致人們的智謀也有共性。正因爲如此，人們常說「前事不忘，後事之師」，總要化前人、他人的智謀爲自己的智謀，取人之所長，補己之所短。

智謀一旦爲人所用，其能量是巨大的。

南朝梁代的劉勰曾經說戰國時期的策謀之士，縱橫參謀，析長論短，「一人之辯，重於九鼎之寶；三寸之舌，強於百萬之師」。而策謀之士的個人價値往往也賴此得到實現，故有「朝爲布衣，夕爲卿相」之說。

戰國時代是產生策謀的時代，西漢劉向在編定《戰國策》時，認定《戰國策》是一部

「策謀」書。其實，戰國不過是承續了春秋，共同形成一個智謀的時代。這個時代被人們視為思想的時代，這個時代所出現的思想巨人深深地影響了中華民族的文化和人的品性。這些巨人的思想不斷地為後人闡釋解說，但很少有人能夠超越。這些巨人的思想在當時是以智謀的面目出現的。東漢班固通觀這一時代的各種思想流派時，把馳騁於世、彼此不相服的思想流派區分為十家，即儒、墨、道、法、陰陽、名、縱橫、農、雜、小說家。在他看來，小說家之外的九家興起於王道衰微、諸侯力征之時，他們「各引一端，崇其所善，以此馳說，取合諸侯，其言雖殊，辟猶水火，相滅亦相生也」。他不以兵家入諸子，實際上兵家不可輕忽。同時，各國諸侯雖在名義上不入哪一家，但他們喜好智謀比哪一家都顯得更為迫切，道理很簡單，因為諸子從理論入手，欲以理論指導實踐，而諸侯國君則是把理論與實踐融合在一起，既以自我的實踐總結出理論，又引他人的理論指導自我的實踐，以圖富國強兵，雄霸天下。

這不是偶然的現象。

春秋戰國時代，天子式微，諸侯爭強，軍事衝突頻仍。在這很特殊的社會形勢之下，官學下移，「士」作為一個階層興起。雖說士階層社會極其複雜，俠士刺客都入士之林，但在這個階層中，更多的是智謀之士。兵家、縱橫家不待言說，當時的四大顯學儒、墨、道、法，哪一家不是苦心竭慮於智謀，只不過是所操之術相異罷了。儒家的仁義道德、墨家的兼愛非攻、道家的清靜自然、法家的嚴刑峻法，固然是「其言雖殊，辟猶水火」，但哪一家不是在為社會的一統與安寧祥和出謀劃策？這個時代，人們思想空前活躍，所謂的「百家爭鳴」正賴各家彼此不能相服而垂名史冊。這使得春秋戰國時期的智謀繽紛多彩，在中國歷史上極具有代表性和深遠的魅力。

並非是為說智謀就把那一時期的思想家們都歸於智謀之士。客觀地說，被後世奉為儒學祖師的孔子、孟子，道學祖師的老子、莊子等等，有誰當時就被視為思想大家？孔孟汲汲遊說諸侯，宣傳的是自我的思想主張，不是在做空頭的思想家而是想做切實的政治家；老莊不屑於遊說諸侯，在僻處自說，其理論的玄虛高遠究其實質，少有不是政治論的。所以他們首先要做的是實在的政治家，無奈沒有做成才沈靜下來做思想家，難怪孔子五十六歲時還離開魯國，坐牛車奔波於坎坷之途，在諸侯之間游說了十四年才返回故里；難怪孟子有蒼天不欲平治天下的牢騷，說他是發牢騷，是因為他下一句話是：蒼天如果要平治天下，當今之世，除了我孟子還有誰有平治天下的能耐呢？

在這個智謀時代，每個人都想以自己的才識出謀劃策而能為人所用，這是可以理解的。由於思想的差異，這個時代的智謀可以被分為不同的層面：切於實用的智謀和不切實用的智謀，如法家、兵家、縱橫家屬於前者，儒家、墨家、道家屬於後者。「切實用」是一個標尺，關鍵在於合不合時宜，西漢的司馬遷曾經為孟子立傳，他自己本是個儒家思想很重的人，也禁不住批評孟子「迂遠而闊於事情」。但不能用於當時的智謀不一定不能用於後世，孔孟的儒術後來都成爲重要的治國方略就是明證。漢高祖劉邦本不好儒術，說是在馬上打的天下，要《詩》、《書》幹什麼？儒生陸賈便對他說，如果秦始皇平定天下以後，行仁義，法先聖，哪有您的天下呢？說得劉邦怦然心動，面有慚色。唐太宗李世民奉佛、奉道，始終不忘奉儒，認爲民爲水，君爲舟，水可載舟亦可覆舟，以仁義安民必不可少。道家的智謀也成爲後世清客隱士的修身養性之術。自然也有不用於當世也不用於後世的，智謀會新生也會消亡，不足爲奇。

智謀是人所爲，對社會的奉獻最終歸宿還是人自身。所以思想大家、智謀之士往往從人自身出發謀劃社會生活的各個層面，其中很重要的一部分是對人處世之道的謀劃。他們把自我對人生的深刻體驗總結出來，教人應該怎樣做，不應該怎樣做。即使是老莊，看似要超塵脫俗，其實骨子裡依然保持著世俗精神。有意思的是，做人之道被思想大家、智謀之士們不約而同地上升爲政治之道，齊景公向孔子請教怎樣治理國家，孔子說「君君，臣臣，父父，子子」，齊景公心領神會。爲政治的智謀自然也就是爲人的智謀。這樣說不是把治國的智謀等同於處世的智謀，二者或異途、或同趨、或交融，表現形式也是因時因事而異的。

世事不同，智謀必異，用於古者不一定能用於今，也不必求它一定用於今。作爲文化遺產，棄其糟粕、取其精華仍然是必要的。同時，用於古而不能用於今的智謀也有可能啓發人的靈感慧心，觸動人對現實生活的思考，激發新智謀的產生。舉一可以反三，善讀且善悟，入乎其內而出乎其外，便可化腐朽爲神奇，使今人的智謀勃發，利國利民。

這裡，還應該說的是：

本叢書選擇春秋戰國這個歷史橫斷面上的諸多智謀對象展現中國智謀，不意味著把這一時期的智謀等同於整個中國智謀，而是因爲這一時期智謀的多樣性，及其對中華民族的影響具有典型意義，後世的許多智謀是這一時期智謀的引伸和發展。應該看到的是，春秋戰國時期思想流派林立，這裡既有所遵從又不拘泥於闡釋所有流派，我們只是對儒、墨、道、法、兵、縱橫、諸侯等七家進行疏理和論述，各自成書，力求盡可能全面、客觀地展現他們的智謀或智謀精神，揭示諸家智謀的文化意蘊及其現實意義，使它們易於爲讀者所接受。

現在這套「中國智謀叢書」終於完成了，工作雖然是艱苦的，但在完成之際，回首以往，艱苦的歲月已經淡化，心中只有工作結束之後的陣陣愉悅。

願這些愉悅能夠透過「中國智謀叢書」的語言形式傳達給讀者，讓讀者在閱讀過程中與我們分享。

阮忠

目錄

【領導策略】

【修身要略】

【教育術略】

【政治韜略】

【經濟方略】

【談辯智略】

【軍事戰略】

◎走近墨家

墨家，以其獨特的思想和智慧，放射出奪目的光輝，在中國文化史上，占據著極其重要的地位。

春秋戰國，是中國歷史上一個十分特殊的時代。

西周社會解體，群雄並起，諸侯稱霸，由此帶來了學術自由和思想認識上的開放。百家爭鳴，諸子爭鋒，許多政治家、思想家和軍事家應運而生。

以墨子爲代表的墨家，就是諸子百家中影響極大的一家。

說到墨子，我們就會想到他與公輸般在楚王面前的那場論戰。

楚王置道義於不顧，準備冒險向宋國發動進攻。墨子步行十天十夜，來到楚國，勸說楚王。他對楚王說，地廣物博的楚國侵略弱小貧窮的宋國，就像有漂亮的馬車不坐，卻覬覦鄰居的破車；有華麗的衣服不穿，去偷鄰居的麻布短衣。這樣發動不義戰爭，不會有好結果。

楚王以爲有公輸般製造的雲梯，必定會取得勝利，執意要攻打宋國。勸說無效，墨子便「解帶爲城，以牒爲械」，與公輸般在楚王的宮殿裡展開了演習。

公輸般多次設下攻城機變，墨子一次次阻擋了他的進攻。公輸般攻城的器械用盡，墨子的守禦措施卻還綽綽有餘。墨子用自己的機智，終於勸阻了楚王，一場大規模的流血戰爭被制止了。

由這則故事可見，墨子不僅是一位傑出的思想家、辯論家，也是一位了不起的軍事家。墨家，以其獨特的思想和智慧，放射出奪目的光輝，在中國文化史上，占據著十分重要的地位。

墨子其人

墨子，姓墨名翟，祖先是宋國人，後來長期居住魯國。墨子的生卒年不詳，據推論，大約生於西元前四八〇年，卒於西元前四二〇年。其生活年代在孔子之後，孟子之前。

墨子出身於一個木工世家。木工的社會地位十分低下，在當時屬於「農與工肆」階層，被社會瞧不起。這與當時諸子百家中許多學派創始人的顯赫地位有很大不同。

墨子從不否認自己的出身，並以此爲榮，他常常驕傲地稱自己爲「賤人」、「北方之鄙人」。

由於受家庭出身和周圍環境的影響，墨子自幼就相當熟悉各種手工技巧。年輕時，他曾經是一位優秀的木工，技術比木工的祖師爺魯班（公輸般）還高出一籌，受到世人的稱讚。此外，他還精通製陶、皮革、冶金、縫衣、織布、製鞋等各種手工藝。

墨子長期居住魯國。魯國在當時號稱「周禮盡在」，不僅是中國古代傳統文化的中心，也是儒家思想的發源地。墨子自幼受周文化的影響，也曾從師於儒學。隨著社會閱歷的豐富和知識的增長，他愈來愈覺得儒學是一門貴族的學問，他不滿於儒家提倡的煩瑣的「禮」，認為儒學服務於上層社會，華而不實，離平民階層太遠。於是，他毅然拋棄了儒家學說，自立門戶，招收弟子講學。

墨學就這樣誕生了。

墨子雖然背叛了儒家，推陳出新創立了墨學，而且墨學誕生之初，被儒家稱之為異端邪說，極力加以貶斥反對。但是墨子對儒學還是本著實事求是服從眞理的態度，他並沒有全盤否定儒學，而是勇於承認和發現儒學中正確的東西，加以學習利用。有一次，墨子與儒家的忠實信徒程繁辯論一個問題，墨子在辯論中引用了孔子的話，程繁責問墨子：「你反對儒學，怎麼還引用孔子的話？」墨子回答說：「我所引用的是孔子說的正確的話，眞理本身是不會因人而改變的，我怎麼會因非儒，而一概否認孔子正確的地方呢！」這種實事求是的治學態度，是十分難能可貴的。

墨子從一個出身貧寒的「賤人」，成爲知識分子，進入「士」的行列，後來創立學派，成爲著名學者，這其中一個重要原因，就是他的勤奮好學。

墨子曾遍讀「百國史書」，他平時的言談、講學，經常引用《詩》、《書》以及燕、宋、齊、楚等國的史籍。有一次，墨子出遊衛國，他乘坐的車上裝滿了書籍。學生們十分奇怪，問他：「老師滿肚子都是學問，怎麼旅行在外，還帶這麼多書？」墨子回答說：「過去周公旦博覽群書，見多識廣，雖然政務繁忙，仍手不釋卷。現在我上無君主之事，下無耕農之難，更應該發憤攻讀才是。」

正是這種謙虛好學的態度，使墨子不斷豐富和完善自己的理論，墨學很快獨樹一幟，成爲聞名遐邇的「顯學」。

兼愛——墨家的政治思想

「兼愛」是墨家學說的核心。

墨子從小生產者利益出發，提出了「兼相愛，交相利」的學說。

墨子認爲，社會之所以動亂，大國兼併小國，強國欺負弱國，就在於人們「不相愛」。

「視人之國若視其國，視人之家若視其家，視人之身若視其身。」對別人的親人給予愛和利，別人也會回報我愛和利。這就是墨子「兼愛」學說的思想內涵。

儒家也講「愛人」。但是，墨家的「兼愛」和儒家的「愛人」，意義是不一樣的。

儒家主張「愛人」，是以「親親爲大」，「孝悌爲本」，認爲愛有親疏厚薄，強調愛有等差。

墨家的「兼愛」，則恰恰相反，它要求打破等級森嚴的宗法制度，強調要愛天下所有的人，即使對奴僕也要有仁愛之心。這種兼愛主張，直指社會現實中的「強劫弱、衆暴寡、貴傲賤」的暴虐行徑，體現了一種合乎人道的倫理原則和主張平等的文化心態。

「非攻」是墨家「兼愛」理論的發展。墨子認爲，春秋戰國的兼併戰爭是「不義」的，因爲它違背了「兼愛」的原則。墨家反對戰爭，他認爲戰爭「奪民之財，廢民之利」。特別應該指出的是，墨家反對戰爭，是反對那些侵略戰爭，對於保衛自己國家的戰爭，是支持的。如墨子曾幫助宋國抵禦楚國的進攻，認爲只有用積極有效的防禦戰爭，才能達到消滅侵略戰爭的目的。這就是「武裝和平」，用戰爭反對戰爭。

墨家「兼愛」思想表現在政治上，就是「尙賢」、「尙同」。墨子反對那種任人唯親的作法，提倡任人唯賢。他強調「官無常貴，民無終賤，能則舉之，無能則下之」。這就是說，選拔任用人才，不能看出身貴賤，而應該注重本人的德行與才幹。只要有才，就是農人、工匠，也一樣可以當官；如若無才，原來當官的，也要把他趕下台。從這一點上講，墨家的「尙賢」要比儒家的「近不失親，遠不失舉」的人才學說更科學、更徹底。

「尙賢」要求天子舉用賢者擔任各級行政長官，而「尙同」則要求天子也必須由「賢者」擔任。但是，「尙同」並不是要人們都要同於天子，而是「上有過則規諫之，下有善則仿薦之」。上下之間，要及時互通訊息，天子要傾聽臣民的呼聲，臣民有困難和疑惑，天子也要幫助解決。

「尙賢」和「尙同」這兩者的統一，就是墨子的國家思想。

墨家認爲，只要實現「尙賢」、「尙同」，社會就會由動亂走向穩定，國家就會由貧窮走向富強。墨家這一思想，批判了奴隸制社會遺留下來的、又爲當時剛剛誕生的封建制社會所承繼的等級和宗法制度，從中透露出些許民主思想。

由於時代局限，墨家不可能認識到國家是一個階級壓迫另一個階級的工具，因而其國家學說並不是很科學的，當然也不可能實現。但是，應該指出，墨家關於國家的論點，是中國思想史上第一個比較完整的國家學說。尤其是墨子從國家起源和國家制度方面，對奴隸主階級進行了深刻揭露和批判。這種批判，反映了勞動人民天眞而又合理的要求，適應了社會變革的需要，同時反對國家的起源是「神」安排的理論，其思想具有一定的民主性。從這點上講，墨家的國家學說，仍然有它的進步意義。

在經濟方面，墨家思想可以概括爲兩個字：「富」與「衆」。「富」是指社會物質財富的增加；「衆」是指社會勞動力的增加。

墨家提倡發展生產，厲行節約，重視人力資源的開發，倡導勞動，主張不勞動者不得食。墨家反對浪費和享樂，主張節用、節葬、非樂，提出凡有利於老百姓的事情就去做，不利於老百姓的事情就不去做。

墨子第一次模糊地意識到，剝削的實質是無償占有他人的勞動，「不與其勞，而獲其實」。他把勞動與財產所有權結合在一起，強調了勞動者的財產權。墨家爲我們勾畫了未來新世界的理想藍圖，這就是小生產所嚮往的「饑者得食，寒者得衣，勞者得息」的大同社會。

非命——墨家的哲學思想

殷周以來的「天命」思想，經過儒家在理論上系統化以後，就發展成爲「天命」論，主張「死生有命，富貴在天」。墨家旗幟鮮明地反對儒家的「天命」論，認爲所謂「天命」，只不過是統治者欺騙勞動人民的鬼把戲，是「天下之大害」。墨子用古代帝王興衰存亡的歷史事實，說明人世間的一切禍福都是人爲造成的，與「命」無關。他認爲，人的貴賤、榮辱、貧富、饑飽、寒暖等等都不是命運決定的，而決定於個人在主觀上努力與否。主觀努力可以改變現狀，命運不能主宰人。他說：「強必富，不強必貧；強必飽，不強必饑。」「賴其力者生，不賴其力者不生」，這些唯物主義的命題，是墨家哲學思想的核心。它意味著人已自覺地意識到自身的價值，人能夠主宰世界，人是這個世界的主人。這種思想，在科學極不發達、人們的認識受到極大局限的兩千多年前，是十分可貴的。

但是，墨家在反對儒家「天命」說的同時，又主張「尊天」、「事鬼」。不過墨子所說的「尊天」，並不是從天命論出發，而是源於其兼愛非攻的政治理想。天子國君認為自己是至高無上的統治者，墨家就想在統治者之上又製造出一個「天」，認為「天」才是眞正至高無上的主宰。減少戰爭，發展生產，關心老百姓的疾苦，這是「天」的意志。統治者只有服從「天」，自己的統治地位才能得到鞏固。違反天意，最後都不會有好結果。「尊天」、「事鬼」，不過是墨家為了在政治上推行「兼愛」，而樹立的一個權威而已。

墨家在認識論上最傑出的貢獻，就是提出了眞理的標準問題。墨子提出判定事物眞僞的標準有三個，即所謂「三表」。第一表指的是過去經驗，即間接經驗；第二表指的是現在人們的感官認識，即直接經驗；第三表指的是實際效果，也含有經驗的意思。由此可知，墨家判斷事物眞僞，是以經驗為標準的。在墨家哲學體系裡，經驗是屬唯物主義的，其判斷眞理的標準，屬唯物主義的經驗論。

墨家關於眞理標準的經驗論，推進了人的認識的發展，在哲學史上無疑是一個重要的進步。

在邏輯學方面，墨子發明了「類」、「故」這兩個重要的邏輯概念，爲中國邏輯學的發展，作出了重要的貢獻。墨子指出，按事物性質的同異，把事物分成各種「類」，才能在思維中把握事物的本質，否則便會造成思維過程中的矛盾和混亂。所謂「故」，就是邏輯上的「理由」，或者說是「原因」。只有明確了「類」、「故」這兩個邏輯概念，在思維過程中，才有可能進行判斷和推理。

墨子發現了「類」、「故」這兩個概念，奠定了中國邏輯學的基礎。後期墨家，對這兩個邏輯範疇作了更詳盡的研究，並在此基礎上，創造了相當完整的中國邏輯學。使中國邏輯學成爲與古希臘亞里斯多德邏輯、古印度因明邏輯並駕齊驅的世界三大形式邏輯體系之一，爲人類的邏輯科學作出了寶貴的貢獻。

崇實——墨家的科技思想

春秋戰國之際，思想活躍，人才輩出。但人們興趣多停留在對政治、社會理論的認知和追求上，缺少對自然科學的探索和研究。在科學技術方面，墨家學說在諸子百家中，可謂一枝獨秀。

墨家的科學理論思想，涉及天文、幾何、力學、光學、化學以及製造工藝、土木建築、測量等各個方面。

墨子是一個高明的木工，他在實踐中，將畫線、選點、爲方、畫圓、取高的方法，抽象成規律，初步提出了點、線、面的定義和概念，形成中國最早的較成體系的形學，這就是幾何學。

在力學中，墨子提出了「力，刑之所奮也」的定義。這一定義，指出了「力」是物體運動的原因。這同統治西方千餘年的亞里斯多德「力是維持物理運動的原因」相比，更強調了力的作用是使物體產生運動。這一論斷，顯然比亞氏理論要高明得多。

墨家十分重視對光學現象的研究和實驗，對這方面的論述比較系統。墨家還研究了球面鏡成像的現象，並對這些現象進行了描述。這些描述基本都是正確的，符合今天的光學原理。

墨家成員多是直接參加生產的勞動者，他們對自然科學的研究，都是在勞動實踐中積累並總結出來的，與生產和戰爭有著密切的聯繫。墨家非常注重用科學技術直接服務於生產和社會。公輸般製作的木鳥能在天上飛翔三天三夜，轟動一時，墨子對此不屑一顧，認爲還不如馬車的木銷子。木銷子幾斧就可以砍出一個，插在車軸上能拉走很重的貨物。而木鳥只能譁衆取寵，招人圍觀，沒有一點實際用途。

正因爲墨子過分注重應用科學，輕視純科學理論，所以對於某些自然現象，發現了其具體價值，明瞭其原理後，沒有再進一步總結抽象。如在光學研究中稍微運用些幾何學知識，就可能發現反射定理，但墨家沒有深入研究下去。墨家對幾何學研究可以說開世界先河，已經接近了數量科學的大門，但是他們淺嘗輒止，始終在大門外徘徊，而沒有登堂入室。過於崇實，限制了墨家的科學追求，他們的腳步，沒有沿著自然科學的理論繼續走下去。

當然，我們不能過於苛求墨家。因爲先秦時期的科學技術，在世界幾個文明古國中是比較落後的。墨家對於自然科學研究與實踐的起點很低，這在很大程度上限制了他們的視野和思維。但不管怎樣，墨家在幾何學、力學、光學等方面的研究，取得了令人矚目的成就。墨家從事自然科學的研究和取得的成果，給當時以政治爲中心的先秦學術論壇帶進了一股清新的風氣，在中國古代科技史上占據著重要的位置。

墨家在自然科學方面的成就，是諸子百家望塵莫及的。蔡元培先生把墨子比作古希臘的亞里斯多德，認爲他是一位了不起的科學家。令人遺憾的是，墨家的自然科學研究如同他的其他學說一樣，很早就中絕了。

墨家與《墨子》

墨子背叛儒學之後，另立門戶，招收學生，創立了自己的學派，被後人稱為墨學。墨子的學生，很多都是下層社會的勞動者，他們穿著粗布短衣，日夜不休地在田野或作坊裡勞作，以「自苦爲極」。所以，墨家往往代表這些農民和手工業者說話。荀子說，墨子的學說是「役夫之道」，很有一點瞧不起的味道。但墨家卻引以爲榮。

墨子的學說，符合當時下層勞動人民的思想，所以有很多人投奔而來。在墨子周圍，聚集著一大批弟子。與諸子百家不同的是，墨家發展到後來，就成爲一個有著嚴密組織和紀律的團體。當年，公輸般與墨子在楚國的宮殿裡演習攻防戰術，公輸般凌利的攻勢都被墨子嚴密的防守化解了。公輸般無可奈何，便威脅說：「我知道用什麼辦法對付你了！」墨子回答道：「公輸先生的意思，不過是想殺掉我。殺掉我，宋國沒有人能夠防守了，就可以攻打它了。然而，我的弟子三百多人已經拿著我的守城器械，在宋城上等著楚國的進攻。即使殺了我，也不能阻止他們的抵抗。」由此可知，墨家是一個戰鬥力很強的團體，具有早期民間結社的性質。

墨家的首領叫「鉅子」，墨子是墨家的創始人，是理所當然的第一任鉅子。墨子死了以後，孟勝接替了墨子，成爲第二任鉅子。孟勝死後，田襄子接任，成爲第三任鉅子。

墨家崇尚艱苦樸素，他們見義勇爲，富有俠義精神。墨家效法古代大禹的吃苦耐勞精神，「不能如此，非禹之道，不足爲墨」。墨家內部和諧友好，「有力相助」、「有財相分」、「有道相教」。

墨家集團內有嚴格的組織紀律和法規，強調賞善罰惡。墨子去世以後，歷代鉅子忠實地執行墨子制定的法規，代代相傳。墨家第四代鉅子叫腹䵍，有一次，他的兒子在秦國殺了人，按照秦國的法律應該處以死刑。秦惠王覺得腹䵍就這麼一個兒子，便網開一面，決定免其一死。可是腹䵍說：墨者之法規定，「殺人者死，傷人者刑」，它符合天下之大義，我不能違背。自己派人把兒子給殺了。

墨子死了以後，墨家分爲三派，有相里氏之墨、相夫氏之墨和鄧陵氏之墨。墨家弟子門徒代代相傳，足跡遍布大江南北，他們繼承和發展了墨家學說，使墨家學說在戰國時期顯赫一時。

墨子將自己的理論傳授給弟子們，常常和他們一起交換意見、切磋琢磨學術理論。墨子的弟子們跟隨他，記載了墨子的一些社會活動和到各地的講演遊說詞，在記敘中，也評價了墨子的思想理論。這就是我們現在看到的《墨子》一書。也有人認爲，《墨子》是墨子生前自己撰寫的，只有一小部分如〈經上〉、〈經下〉、〈經說上〉、〈經說下〉、〈大取〉、〈小取〉等六篇，是他的學生們後來補充進去的。

《墨子》一書，是墨家智慧的凝集，也是中國文化的珍寶。它是我們今天唯一能夠看到的一本關於墨家理論的專著。

據《漢書．藝文志》記載，《墨子》原有七十一篇。到清代人整理發掘時，已亡佚十八篇，僅存五十三篇。這五十三篇內容，有學者把它分爲五個部分。

第一部分，包括〈親士〉、〈修身〉、〈所染〉、〈法儀〉、〈七患〉、〈辭過〉、〈三辯〉等七篇。主要是闡明墨家的一些基本觀點，涉及到社會、人生、修養的一些問題，對墨家的學說起到了提綱挈領的作用。

第二部分，包括〈尙賢〉、〈尙同〉、〈兼愛〉、〈非攻〉、〈節用〉、〈節葬〉、〈天志〉、〈明鬼〉、〈非樂〉、〈非命〉、〈非儒〉等十一篇。這一部分是墨家思想的核心。它闡明了墨家的政治主張，表達了墨家學派的政治理想。

第三部分，包括〈耕柱〉、〈貴義〉、〈公孟〉、〈魯問〉、〈公輸〉等五篇，它記錄了墨子平時與他人辯論和遊說君王以及教導學生的言論。

第四部分，包括〈經上〉、〈經下〉、〈經說上〉、〈經說下〉、〈大取〉、〈小取〉等六篇。有人把這六篇又叫《墨經》。這一部分的內容包羅萬象，涉及到宇宙觀、認識論、政治、軍事、法律以及自然科學中的許多問題。

第五部分，是墨子兵書，包括〈備城門〉、〈備高臨〉、〈備梯》、〈備水〉、〈備突〉、〈備穴〉、〈備蛾傅〉、〈迎戰祠〉、〈旗幟〉、〈號令〉、〈雜守》等十一篇。這一部分是墨家軍事思想的具體體現，它系統地論述了墨家城邑防守的戰略戰術，從中可以看到墨家傑出的軍事才能。

《墨子》一書涉及社會與自然諸多方面，有人說《墨子》是一部小百科全書，這絕不是誇張之辭。

不朽的學說

從西元前五世紀到西元前三世紀，墨子與孔子齊名，墨家與儒家並稱爲「顯學」，學者常以孔墨對舉、儒墨並稱。墨學顯赫兩百多年，其聲威之大，甚至超過了儒學。孟子曾說：「天下之言，不歸楊（楊朱，名家代表人物）則歸墨。」荀子也曾面對墨家學說的盛行發出感歎：「禮樂滅息，聖人隱伏，墨術行。」

墨家學說大約顯赫了兩百多年，到了秦始皇統一六國之後，墨學急遽衰微。秦漢之際，特別是漢武帝時代，「廢黜百家，獨尊儒術」，將儒學奉爲官方哲學，定下了中國封建社會統治的基本意識形態。就這樣，在朝廷的打壓、排擠下，墨學一蹶不振，逐漸衰敗以至湮沒。

墨學的衰敗，大約有以下幾方面的原因。

第一，由於墨家學說爲勞動人民爭生存爭發展，爲下層老百姓說話，所以不爲統治者所歡迎。墨家即使顯赫一時，在民間影響很大，但從某種意義上講，墨家與儒家、法家、道家甚至縱橫家比起來，只能算是徒有虛名。因爲在春秋戰國時期，墨家始終只是一種民間私學，沒有被尊奉爲官學，不被統治者承認。那些經常被墨家批評的好戰大國，如齊、楚、晉、越等國本來就不喜歡墨家，就是爲墨子所支持的弱小國家，如魯、衛、宋、鄭等國，對墨學也並沒有表現出很高的熱情。

第二，墨學沒有適應社會生產關係的變化，與經濟基礎不協調。春秋戰國之際，特別是戰國中晚期，奴隸制行將瓦解，封建制正在興起，墨學的政治主張，符合當時正處於更替中的經濟基礎。但是秦統一中國，特別是西漢以後，封建政權得到鞏固，墨家的「平等」、「兼愛」思想，直接觸犯了地主階級的利益，墨家理論遭到代表地主階級利益的封建統治者的排斥和打擊，就在所難免了。

第三，墨家理論重質輕文，注重實用，藝術感染力不強。特別是墨家沒有出現像儒家孟子這樣的文化巨匠，作爲承前啓後的繼承者，將墨學傳播開來。以「自苦爲極」的精神和墨家過於嚴格的組織形式，也爲一般人難以接受。

這些，都是墨家逐漸衰亡的原因。

特別應該提到的是，《墨子》之所以能夠流傳至今，這得益於東晉葛洪。葛洪在他的《神仙傳》中，把墨子描述成了道教的神仙，鑒於葛洪當時在道教理論界的權威地位，《墨子》被收藏進了道教經典總集《道藏》。就這樣，儘管魏晉以後，歷經戰亂，群書散失，墨學在儒學的強壓之下，沒有出頭之日；但那五十三篇閃耀著墨學光芒的文章，卻得以保存下來，使得我們今天還能夠看到墨家理論的大部分內容。

墨家思想理論，曾對中國古代文明和進步作出過不可磨滅的貢獻。墨家的衰敗，是中國文化的一個重大損失。明清之際，特別是清中葉以後，人們又重新認識墨家，開始了對墨家理論的研究。爲使墨學復活，章太炎先生曾用西方邏輯學和心理學解《墨經》。

墨子是一位傑出的學者，也是一位偉大的政治家。魯迅先生十分推崇墨子，他在著名歷史小說《非攻》中，高度頌揚了墨子精神。毛澤東作爲一代哲人，對於墨家哲學非常看重，他稱墨子是「古代辯證唯物論大家」，讚譽他是「中國的赫拉克利特」。

墨學的中絕，的確是非常令人遺憾的。有人認爲，要是墨學綿延未絕，那麼中國的面貌定會是另外一種樣子，中國貢獻於世界的也絕不只是四大發明。

【人才謀略】

尊重人才，重視人才，最大限度地發揮人才的作用。

尚賢是政治之本。

國家的長治久安，不是軍隊，不是高牆深池，也不是金成山，糧滿倉，而是人才。

得人才者，得天下。

一、崇尚賢良

為政之本

《墨子》一書，用很長的篇幅專門談到了尊重人才的問題，這就是〈尚賢〉篇。

尚賢，是墨家理論綱領之一，也是墨學中非常重要的論題。

尚賢，就是崇尚賢良，尊重人才，讓有識之士參政議政。

什麼人才能稱作是賢良？

墨子認爲，只有道德高尚，學識淵博，而且善於表達，能說會道的人，才能稱之爲賢良。用今天的話說，賢良就是德才兼備。

墨家把尙賢提到很高的地位。

國家強大與否的根本原因，就是看國君能不能尙賢。國君治理國家，主要就是看他能不能聚集賢良之才。不尊重人才，不親近賢士，國家就會滅亡。

賢良之才，是治理強國的無價之寶。

齊宣王有一次召見顏斶，顏斶見齊宣王高傲地坐在寶座上，不可一世的樣子，他當即停住腳步，倒背著手，觀望起大殿上懸掛著的各式宮燈。

齊宣王見狀，不禁火冒三丈：「顏斶到我跟前來！」

哪知顏斶不買帳，也高聲喊道：「大王，到我跟前來。」

齊宣王頓時拉下了臉，周圍的臣子也都大驚失色，紛紛斥責顏斶。

顏斶不予以理睬，衝著齊宣王說：「我到大王跟前，人們便會說我趨炎附勢，謀榮取利。大王到我跟前來，人們便會稱讚大王您禮賢下士，求賢若渴。我覺得，與其讓人嘲諷我，倒不如讓人稱頌您。」

齊宣王覺得顏斶在狡辯，便厲聲說道：「究竟是國君尊貴，還是知識分子尊貴！」

「那當然是知識分子尊貴啦！」顏斶也不示弱，提高了嗓門。

齊宣王氣得跳了起來：「豈有此理！」

顏斶心平氣和地說道：「大王休要發怒。從前秦國攻打齊國時，秦王曾向他的將士發布了一道命令：『一定要維護好柳下惠先生的墳墓，有誰敢在他墳墓周圍五十步的地方打柴，格殺勿論。』同時，秦王還下命令說：『有誰能取齊王的腦袋，就封他為萬戶侯，賞金萬兩。』這兩件事，不是很清楚地說明，活著的國君腦袋，遠不如死去的知識分子的墳墓嗎！」

齊宣王聽罷，覺得有道理，點頭說道：「是呵，對於賢才我怎麼可以輕視侮辱呢！」說著，起身向顏斶施禮道歉。

齊宣王聽取了顏斶的意見，尊重人才，起用人才，齊國很快走向強盛。

作為一國之君，就是要能夠聚集賢良，尊敬他們，重用他們，充分發揮他們的作用。賢良多，則國興；賢良少，則國衰。

只有尚賢，才能政治清明，國富民強。所以墨子一針見血地指出：廣羅人才，大膽使用，這就是統治者的「為政之本」。

國寶與人才

春秋戰國時期，有三件東西被視為國寶。一是隋侯珠，二是和氏璧，三是夏禹即位時所鑄的九鼎。這三件國寶一直為諸侯各國所覬覦，為了爭奪它們，各國之間常常兵戎相見，血流成河。

如果問，這三件國寶與人才相比，哪個重要？

墨子說：贈送國寶，不如舉薦賢士，起用人才，當然是人才重要。

什麼東西能夠稱得上是國寶？

大約可以下這麼一個簡單的定義：在一個國家裡，數量極其有限，價值珍貴無比的寶貝，可以稱之爲國寶。

如果再問：什麼人可以稱之爲人才？

答案恐怕就沒有這麼簡單。

法國思想家狄德羅對人才發表了如下的見解，他說：知道事物應該是什麼，說明你是聰明的人；知道事物實際上是什麼樣，說明你是有經驗的人；知道怎樣使事物變得更好，說明你是有才能的人。

現代人才學將人才的本質特徵概括爲創造性、進步性與社會性的統一，認爲這三者的統一與否，就是人才與非人才的區別之所在。

我們可以將人才與非人才的差別，從四個方面加以對比。這就是「對待現實的態度」、「意志特徵」、「情緒特徵」、「理智特徵」。

對待現實的態度：爲人處事的態度是積極的，對社會有很強的責任感；

意志特徵：具有較強的自制力，具有開拓精神和百折不撓的毅力；

情緒特徵：情緒穩定，能夠抓住靈感；

理智特徵：想像力比一般人更活躍、廣闊，思維敏捷、富有多端性、新穎性與獨創性。

一個人同時具備這幾個方面的特徵，就能稱得上是人才。

墨家關於人才的論述有很多：

賢良之士治理國家，早朝晚退，審理案件，處理政務，盡心盡職，所以國家治而刑法正。

又說：

一個國家擁有賢良多，治理國家的力量就雄厚；賢良少，治理國家的力量就薄弱。賢良能使國家強大，民衆富庶，能讓社會安定，老百姓安居樂業。

百里傒在楚王眼裡，只值五張羊皮；卞和真心獻玉，卻被斬斷雙腳。君王懂得國寶的價值，卻不一定能夠認識到人才對治理國家的重要性。所以墨子發出了「歸國寶，不若獻賢而進士」的呼喊。

崇尚賢良

墨子生活的年代，正是春秋戰國之交，大國兼併小國，戰爭連年不斷。

墨子所在的魯國，是一個弱國。魯國在大國爭戰的夾縫中求生存，隨時都有被兼併的危險。然而，魯國的國君似乎並沒有意識到這一點。為此，墨子痛心疾首，他在〈尙賢〉篇中說道：「現在王公大人所穿的衣裳，一定要由技藝高超的裁縫來製作；宰殺牛羊，一定要用好的屠夫；在這些小事上，王公大人懂得用人。而在治理國家時，卻往往忽視了這一點。國王用人，不是任人唯賢，而是對親朋好友、有錢或長得漂亮的人，委以重任。這樣長久下去，國家之亂就可想而知了！」

墨子用生動的對比，一針見血地指出魯國日漸衰敗的原因，就是不重視人才。

縱觀中國歷史，每個朝代，統治者如果重視人才，納諫如流，就會政治開明，經濟繁盛，國力強大。如果統治者不重視人才，一意孤行，唯我獨尊，就會政治黑暗，經濟衰落，最後走上滅亡的道路。

楚漢兩軍在垓下決戰時，勝利的天平已傾向於漢軍。這時，項羽向劉邦提出：「撇開雙方的部隊不論，我與你較量一番，誰勝誰得天下。」

劉邦笑著搖了搖頭。

論武力，這個當年沛縣泗水亭長，哪裡是力拔山兮氣蓋世的西楚霸王的對手呢！

歷史最是無情。項羽被劉邦圍困於垓下，四面楚歌，臨死也沒有明白失敗的原因，給我們留下的是一曲千古悲歌。

其實，歷史是最公正的。正如劉邦十分得意地總結的那樣：我雖然不會帶兵，不會衝鋒陷陣，但我能統率將領，指揮他們在戰場上衝殺。出謀劃策，我有張良；運送糧草，搞好後勤，我有蕭何；在前方衝鋒陷陣，出生入死，我有韓信。有這麼多人輔助我，所以，我成功了。項羽儘管被稱爲蓋世無雙的英雄，但他只有一個范增還不能重用，所以他失敗了。

劉邦的分析，可謂一語中的。

重視人才，把人才團結在自己周圍，同心同德，共同奮鬥，這是走向成功最重要也是最起碼的因素。

有能則舉之

其實，尙賢的主張，並不是墨家最先提出。早在墨家之前的儒家也主張「舉賢才」。不過，儒家的所謂尙賢，存在著「親親有術，尊賢有等」的思想，強調人才有親疏遠近、貧富貴賤的等級之分，使用人才也應該嚴格按照等級。

墨家的人才觀與儒家的人才觀，有著很大的區別。

墨家成員大都出身平民，處於社會的下層，強烈要求平等和參與政治。這種思想也體現在他們的人才觀中。

「有能則舉之」是墨家人才觀鮮明的特點。墨子認為，不管是什麼人，不論他出身高低貴賤，也不管他與王公大人的關係如何，只要有眞才實學，德才兼備，就應該選拔上來，委以重任，「富之，貴之，敬之，譽之」。同時，還應該把那些無才無德的庸人趕下台去，要做到「官無常貴，民無常賤」。這種用人觀，對於當時的統治者來說，不啻是一聲炸耳的驚雷。

「有能則舉之」，能夠在灰堆裡發現金子，能夠在大海裡撈起財寶，可以使用人者得到意外的收穫。

一次大戰後，德國工程師斯特斯曼窮愁潦倒，流亡到美國，在一家小企業打工。福特汽車公司的一台大型電機壞了，怎麼修也修不好，請來了斯特斯曼幫忙。這麼一個不起眼的窮工匠，還能修好電機？看到斯特斯曼一身髒衣，一頭亂髮，許多人瞧不起他，認為這只會浪費公司的時間。還有不少人在一旁等著看笑話。斯特斯曼在電機旁轉悠了兩天，拿起粉筆在電機上畫了一道白線，然後對福特公司的經理說：「請把電機打開，在畫線的地方，將線圈去掉十六圈，電機就能正常工作了。」經理讓人照此一試，果然如此。為此，福特公司給了他一萬美元的酬金。

對於福特公司來說，只要能把電機修好，為公司創造財富就是人才。至於他穿的衣服是否乾淨，頭髮是否光亮，大可不必管。

後來，爲了挖走斯特斯曼這個難得的人才，公司又用重金將他與那家小企業一起買了過來。

看來，福特公司的經理深諳「有能則舉之」的道理。

二、不拘一格降人才

不徇私情

西元三八三年，前秦皇帝苻堅率一百萬大軍南下攻晉。東晉的軍隊只有八萬人，統帥是謝玄。兩軍在淝水展開決戰，最後晉軍以少勝多，將前秦的軍隊打得大敗。這就是中國歷史上有名的淝水之戰。

說到淝水之戰，讀者並不陌生。淝水之戰晉軍的總指揮謝玄，戰前只是一個很小的官，他後來能夠出任晉軍的統帥，救東晉於危難之中，還有一段鮮為人知的故事。

東晉時有兩大顯赫家族，一個是謝氏，一個是郗氏。謝安曾任宰相，郗超曾任中書侍郎。但是，兩家互相猜疑，矛盾很深。郗超曾經公開說：「我祖父、父親都是本朝名士，地位應在謝安之上，但是謝安卻掌了大權，他有什麼資格？」

從此，兩家隔閡愈來愈深。

再說，前秦皇帝苻堅一心想吞併東晉，率大軍步步緊逼而來。東晉朝廷內外，一片緊張氣氛。敵強我弱，必須挑選良將率兵抵禦前秦軍隊。派誰去好呢？滿朝文武面面相覷，沒有主張。最後，謝安出面推薦自己的侄子謝玄。

朝廷的官員對謝玄並不瞭解，在這緊急關頭派一個並不十分瞭解的人統帥千軍萬馬，是十分冒險的行動，大家也都不敢貿然發表意見。

在這國家生死存亡的關鍵時刻，郗超沒有因私恨而嫉妒謝安。他站出來為謝玄說話了：「我曾經和謝玄在一起共過事，他很有軍事才能，很會用人，我們大家應該信任他。」

就這樣，謝玄從老家被召到朝廷，拜為建武將軍，統率晉軍迎敵。

果然，謝玄不負眾望，表現出傑出的軍事才能。晉軍在他的指揮下，淝水一仗打得苻堅的軍隊風聲鶴唳，草木皆兵，從根本上扭轉了戰局，保障了東晉王朝的安全。

謝玄得勝歸朝，郗超也留下了不拘一格降人才的美名。

人，往往會為在某種競爭中敗於對手而產生怨恨，這種情緒會在一定範圍內使得人際關係變得微妙，失去和諧，會給工作和事業帶來影響，甚至是巨大的損失。能夠以大局為重，有寬廣的胸懷，不徇私情的人，在成就事業的同時，往往也會使自己名揚天下。

我們假設，如果當時郗超出於嫉妒而對謝玄表示出不信任，謝玄是難有所作為的。那麼泜水之戰恐怕就是另外一種結果了。

中國歷史上，類似這樣的故事，還可以講出許多。祁黃羊外舉不避仇，內舉不避親；馮諼彈鋏而歌，孟嘗君卻視爲上賓；唐太宗殺死太子建成後，重用太子的謀士魏徵……

墨子說得好：「江河的水並不是只有一個源頭；名貴的狐裘也不是只取於一狐的腋下之毛。哪有與自己意見相同的就重用，與自己意見不同的就排斥呢！」

才智不以地位論

墨子南遊到楚國，請求拜見楚惠王。

楚惠王不太喜歡墨子的學說，又見他出身低微，不大瞧得起他。便以自己年老行動不便爲藉口，拒絕了墨子，只派大臣穆賀接見了他。

墨子與穆賀交談，宣傳自己的主張。穆賀聽罷，很感興趣。他對墨子說：「以前我並不瞭解您的學說，現在聽您這麼一介紹，我覺得您的學說眞是博大精深！不過，楚王是一國的君主，地位至尊至貴，除了很顯要的人物外，他對一般人的學說主張都不怎麼感興趣。」

墨子笑了：「這就是楚王錯了！不管是貴人還是賤人，只要他的主張有可取之處，就應立即採納。怎麼能因人下賤就不採用他的高明見解呢？打個比方說吧，草藥本來是一種草，但吃了它可以治病，那麼君主能因爲它是草就不吃它嗎？老百姓向國君交納糧食，國君用它釀造美酒，然後用來祭祀祖先、鬼神，難道因糧食是下賤的農夫所種，國君就不食用它嗎？楚王不是想有所作爲嗎，那麼我勸他還是多聽聽下賤人的主張吧！」

墨子很不客氣地抵評了楚惠王用人看出身的做法。

無獨有偶，在兩千多年後太平洋彼岸的美國，也發生了一件類似的事情。

一家剛創辦的企業，創業之初，千頭萬緒，老闆忙得不可開交。就在這時，一位工人找到辦公室，告訴老闆說，軟片車間的玻璃窗有灰塵，應該安排專人把車間玻璃窗擦拭乾淨。

在一些人看來，這位工人太不自量。公司裡有的是技術專家，用不著你爲玻璃窗上的灰塵來說三道四。可這位老闆卻不這樣，他馬上讓人照辦，而且通知財務部門，給這位提建議的普通工人發放兩千美元獎金，以表彰他對公司負責的態度。因爲這位工人提出的正是公司在質量把關上所忽視的一環，如果玻璃窗上的灰塵掉下來，將會嚴重影響到軟片的質量，甚至報廢產品。

從此之後，這家公司在全美率先設立了建議箱，員工對公司生產經營有任何意見和建議，都可以投入箱中，然後由專門的「建議秘書」分送到有關部門審議評定，論功行賞。這家公司，便是後來全球聞名的柯達公司。而當初欣然採納工人建議的人，便是感光膠卷的發明者喬治·伊斯曼。

從一八九八年柯達公司設立建議箱至今，已經一百年過去了。有人統計過，在這期間，公司先後收到各類建議兩百多萬條，採納的有近三分之一。爲此支付的獎金有兩千多萬美元。正是這些建議，使得柯達公司生產的膠卷質量不斷提高，柯達公司也由小到大，一步步攀上事業的高峰。如今，柯達公司每年的利潤已高達十幾億美元，成爲全球聞名的企業。

人的才智各有不同。一位普通人所具備的才幹，也許正是某些專家學者所欠缺的。人微言輕，實際上是一種錯誤的觀點。言輕言重，在於他表達的內容，而不在於他的出身、地位。不管工作多麼繁忙，當部下提出擦乾淨玻璃窗之類的建議時，請不要小看。因爲，在這待擦的玻璃窗後面，也許還有許多重大的問題，它所涉及的，不僅僅是玻璃窗的乾淨與否。

以誠待人

墨子強調人才重要，主張對人才要予以重獎。他認爲，人才是國家的珍寶、朝廷的棟樑，「必須使他們富有、提高他們的地位，敬重他們、讚譽他們，只有這樣，國內的賢良之士才有可能增多。」

尊重人才，讚譽人才，提高他們的地位，使他們富有，並不難。眞正認識到人才的重要，敬重他們，誠心誠意地對待他們，卻不是每一位領導者都能做到的。

以誠感人者，人亦以誠而應之。

春秋時齊國的晏子足智多謀，能言善辯，是一個了不得的人才。可是很少有人知道，晏子背後，還有一個爲他出主意的人。晏子治齊有功，與此人分不開，這個人就是越石父。越石父是晉國人，雖然人很有才，但是家裡太窮，又得不到別人賞識，只好出外給人當奴僕。這顆本應閃閃發光的珍珠，被埋在了灰堆裡。

一次，越石父穿著一身破衣裳，背著一捆柴走在路邊，正巧被出使晉國的晏子看到了。晏子早就聽說越石父是個有才學的人，如今見他淪落在這裡，便產生了同情心。他將越石父從主人那裡贖了出來，然後將他帶到了齊國。

晏子到了家門口，也沒和越石父打招呼，就逕直進去了。

越石父見狀，扭頭就走。

晏子吃了一驚，趕忙讓人叫住了越石父：「我與你素不相識，因爲同情你，才爲你贖身，這算對得起你了，你爲什麼要走呢？」

越石父說：「一個人在不瞭解他的人面前受委屈可以，但不能在瞭解他的人面前受委屈。你爲我贖身，我以爲你是瞭解我的，誰知你上車和回家的時候對我一點也不謙讓。我認爲，一個人對別人有恩，不能趾高氣揚；受了別人的恩德，也不能低三下四。因此，我想離開你。」

晏子連忙道歉，他佩服越石父的見解，就把越石父安排在貴賓房間，請他在上座飲酒。

越石父又說：「尊重人不一定非要表面上客氣。請您不要這樣對待我。」

晏子覺得越石父不僅有才學，而且深明大義，更加從心裡敬重他。

越石父看到晏子是眞心眞意地對待自己，也就安心投在晏子門下，爲他治理齊國出了不少好主意。

對待人才，要眞心實意。不能把人才當花瓶，把獎勵當恩賜，人才需要的不僅僅是獎勵，更需要的是尊重。尊重人才是對人才勞動價值的眞正認可，才能激發人才更高的創造熱情。墨子說得好：「給有才能的人很高的爵位，給他們很厚的俸祿，委以重任，並不是爲了賞賜有才幹的人，而是想讓他們把國家的事情辦好。」

三、知人善用

任之以事，斷予之令

用人，最重要的就是要給人以重任，授人以決斷的實權。這就是墨子所說的：「任之以事，斷予之令」。

「任之以事」，就是要給使用的人壓擔子，最大限度地調動他們的主觀能動性，切切實實地發揮人才的作用，人盡其才，才盡其用。

「任之以事」說的是用賢，「斷予之令」則指的是信賢。

光給人才壓擔子、委以重任還不夠，還要給他們以實權，放心大膽地讓他們去幹。對人才的使用不能半信半疑，也不能將信將疑，而是要給予百分之百的信任。這就是「斷予之令」。

說起人才的重要，人們似乎都懂。現在好多單位很重視人才、尊重人才，也不乏人才。但是，說到最大限度發揮人才的作用，卻要打折扣了。特別是對青年人，尤其如此。「嘴上無毛，辦事不牢」這種說法，有一定代表性。

齊桓公有志於稱霸天下，曾向管仲請教如何防止有害於霸業的行爲，管仲回答說：「不能知人，害霸也；知而不能任，害霸也；任而不能信，害霸也；既信而又使小人參之，害霸也。」不知道人才的重要，有了人才而不重用他們，或者重用他們而不信任他們，這是對事業最大的危害。

唐太宗對用賢和信賢有著很深刻的認識，他說：「有才不用與無才等，用才而不信與不用等」。

有賢要用，用賢要信，這是古今用人的成功經驗。

春秋時，齊國打敗了魯國，因爲輔佐魯國，管仲與齊桓公有一箭之仇。齊桓公提出的停戰條件之一是交出管仲才能退兵。魯國沒有辦法，爲了不亡國，只好將管仲裝上囚車，送到了齊國。

人們料定，管仲這次必死無疑了。

誰知囚車到了齊國，齊桓公不但赦免了管仲，還拜管仲爲相國，將治國大權交給了他。

在管仲的治理下，齊國富強起來，齊桓公很快成爲諸侯中的霸主。

齊桓公能夠信任人才，重用人才，並沒有因爲管仲曾幫助過自己的敵人，並且傷害過自己而另眼相看。對管仲能夠「任之以事，斷予之令」，使其盡心盡力地幫助齊國，所以他取得了成功。

歷史上，有才不尊、尊而不用、用而不信的事例可以舉出許多，造成這種狀況的根本原因，就是用人者心胸狹窄，患得患失，沒有眞正明白用人之道，正如墨子所說：貪權的人，不會把職權下放於人；貪財的人，不會把俸祿分給別人。不能放權於人、分財於人，賢人良才就不會到王公大人身邊來！

怎樣才能夠做到「任之以事，斷予之令」？墨家認爲，應該「舉公義，辟私怨」，「以德就列，以官服事，以勞殿賞，量功而分祿」。意思是，選用人才應出於公心義舉，而不能有私怨成見。用人要根據其貢獻大小安排職位，以官職大小授予權力，以功勞大小定其獎賞。只有這樣，才能夠人盡其才，才盡其用。

現代人才學認爲，使用人才，要有一個寬鬆的、有利於人才成長和發揮作用的環境，多看其優點長處，委以重任，敢於放權。這與墨家「任之以事，斷予之令」有著異曲同工之妙。

人才選拔，貴在出於公心；人才使用，貴在用當其才。而用當其才，最重要的就是要「任之以事，斷予之令」。

重獎人才

一次，墨子與他的學生討論如何獎勵人才的問題。

墨子說：「假設一位諸侯在治理一個國家，他對全國發布一道命令：凡是能射箭和駕車的人，將使他得到獎賞；不能射箭和駕車的人，將使他受罰，讓他貧賤。這個時候，試問這個國家的人們，誰高興誰害怕？我認為，一定是會射箭和會駕車的人高興，不會射箭、不會駕車的人害怕。」

墨子由這個假設進一步推理：「凡是忠信的人士，將使他受賞、使他得到尊重；不忠信的人，將使他受罪、讓他貧賤。那麼這個國家，誰高興誰害怕呢？我認為一定是忠信的人高興，不忠信的人害怕。」

墨子在這裡提出了兩個命題：

第一，對人才要予以重獎；

第二，獎勵要物質獎勵與精神獎勵相結合。

回想中國大陸「文革」期間，四人幫鼓吹「寧要資本主義的草，不要社會主義的苗」，鼓勵「頭上長角，身上長刺」，把白卷先生當作反潮流的英雄。於是，「讀書無用」、「知識無用」的論調氾濫於全國。學生以不學習爲榮，用功學習的學生，被稱作是「五分加綿羊」，是走「白專道路」。

「文革」結束，撥亂反正，恢復了高考制度，尊重知識，獎勵人才。於是一切走上正軌，科技人員的積極性得以調動，校園裡又傳來了琅琅讀書聲。

這，就是獎勵的作用。

獎勵，是戰鼓和號角，能激勵人的沖天幹勁。

獎勵，也是指揮棒，能校正人們前進和努力的方向。

治理國家和管理一個單位，道理一樣。

如果一個公司的老闆對腳踏實地、默默肯幹並且做出成績的員工予以獎勵，那麼，這個公司就會湧現出一批講求實際、踏實肯幹的人；如果這個公司的老闆對喜歡開動腦筋、敢於提意見和建議的員工進行獎勵，那麼這個公司就會出現許多愛動腦筋、喜歡鑽研問題的人。

對人才予以重獎，這在今天似乎已不存在什麼問題。但往往是，我們的許多領導階層重視對人才的物質獎勵，卻忽略了還應該對人才進行精神鼓勵。

馬斯洛的需要層次理論認爲，人的需要是分層次的，生存的需要是最低層次的，其次是安全的需要、歸屬和愛的需要、尊重的需要、自我實現的需要等。

物質是基礎，對人才進行物質獎勵，是必要和重要的。但人在物質上的享受是有限的，而在精神上的享受卻是無限的。爲什麼有的億萬富翁生活十分儉樸，還在全身心地投入到工作中去，努力創造更多的財富。這就是事業的成就感在驅使著他。大丈夫立世，博取功名，以慰平生，就是這個道理。

「人生自古誰無死，留取丹心照汗青。」生死已無所謂，就更不用說物質利益了。只有精神才是萬古永存的。

所以，對勞模、專家，對有貢獻的人進行物質獎勵的同時，不能忘記還應該對他們進行精神獎勵，給他們表揚，給他們榮譽，讓社會尊重他們，從而激發他們獻身事業的更大熱情。

良弓・良馬・良才

人，有庸人與能人之分。

庸人與能人的區別在於：

庸人沒有自己的思想，人云亦云，碌碌無爲，沒有創新，沒有建樹；

能人有自己的思維習慣，不唯命是從，敢於創新，敢於走前人沒有走過的路，有時甚至會做驚世駭俗的舉動；

庸人聽話，叫幹啥就幹啥，不會挑肥揀瘦，不會討價還價；

能人可能不那麼聽話，領導吩咐的事情，會問個爲什麼，會說一聲不這樣做行不行。

庸人做事四平八穩，很少犯錯誤，所以反對他的人少。

能人敢說敢做，不達目的勢不罷休，難免會得罪人，會出這樣那樣的毛病，有時反對他的人可能還比較多。

所以，對能人的評價往往爭議最大，對庸人的評價則會衆口一辭。

有的領導喜歡庸人，有的領導喜歡能人。

墨子說：良弓不容易拉開，卻可以把箭射到很高很深的地方；良馬難以駕馭，卻可以負載重物走很遠的路；良才難以指揮，但可以輔佐君主，幫助他取得成功。

一個人要刮鬍子，因怕剃刀太快傷了自己的臉，而改用很鈍的鐮刀。結果鬍子沒有刮乾淨，還弄得滿臉是血。

現實生活中，不會有這種荒唐的事情，但在使用人才時，出現這樣的事卻不足爲怪。

戰國時的孟嘗君對「良才難令」似乎有獨到的研究。當年他的門客馮諼發牢騷「食無魚」、「出無車」時，孟嘗君沒有把他趕走，也沒有責備他，不僅一一滿足他的要求，還委以重任，派他到薛地去收債。馮諼臨走時，問孟嘗君：「收完債之後，需要買些什麼東西回來？」孟嘗君隨口說道：「你看我家缺少什麼，就買什麼吧。」誰知馮諼到了薛地以後，該收的債務分文沒有收，還將文書債券當衆燒了個精光。回到齊國後，孟嘗君問他買了些什麼，馮諼回答說：「我看你家裡珍寶如山，馬匹成群，美女無數，什麼都不缺。唯一缺少的是對老百姓的仁德和信義，所以我假冒你的名義，燒了債券，賜福於民，就算是給你買了仁德和信義吧。」

馮諼的膽子也夠大的了，債務不收，竟敢自作主張，將主子的債券也燒了。這在一般人來說，是絕對不能夠容忍的。孟嘗君的過人之處此時顯現出來了，他見事已至此，生米煮成了熟飯，並沒有責怪什麼，事情就這樣過去了。後來，齊國罷了孟嘗君的官，孟嘗君回到了自己的封地薛地。他的車隊離薛地還有百里地，薛地的老百姓已經扶老攜幼趕來歡迎他。爲此孟嘗君感慨地對馮諼說：「先生爲我買的仁義，今天親眼見到了，你眞是有遠見卓識啊！」

按照墨子的說法，馮諼可以算得上是一把良弓、一匹良馬、一位難得的良才。孟嘗君懂得「良才難令」的道理，懂得識別、愛護人才，他的所作所爲，就是在今天，也是十分難得的。

不求全責備

墨子用良弓與良馬作比喻，還有另外一層意思，即世界上沒有十全十美的事情，也沒有十全十美的人。

人們喜歡追求完美，但完美是不可能的。即使是完美，也是相對的，它常常不可避免地伴隨著不完美。

良弓可以將箭射得很遠，但是卻需要很大力氣才能把它拉開。良馬可以負重載遠，跑得快，但是駕馭牠卻不是那麼容易。良才可以幫助君王治理國家，成就一番事業，但是他們有時候不那麼聽話，甚至還跟君王頂牛唱反調。

「良弓難張」，「良馬難乘」，「良才難令」，就是勸告領導，在用人之時，不要求全責備。良才之所以「良」，就是他們有特長，堪大用，能「任重致遠」，能「致君見尊」。但這些人又有自己獨特的個性，或桀驁不馴，不肯屈就；或不拘小節，不看顏色。雖然有才，但恃才傲物，雖然辦事得力，但往往使用人者頭痛、發怵。

明智的領導，在用人之時，就能夠很好地把握這一點。

唐初時期的魏徵，以敢言直諫著稱，是一位地地道道的「難令之才」，他往往不顧時間、場合，冒犯天威，給皇上難堪。唐太宗對他既敬又懼。但對待這位難令之才，唐太宗卻敢於任用，善於任用。魏徵去世以後，唐太宗悲痛地說：「我失去了一面鏡子」。

如果一個領導者喜歡求全責備，那麼他周圍的人肯定都會是些平庸之輩。一個組織，若要所用的人沒有短處，其結果是這個組織頂多只是一個平平凡凡的組織。樣樣都是，必然是一無是處。才幹愈高的人，其缺點往往也愈明顯。有高峰必有深谷，誰也不可能是「十項全能」。

金無足赤，人無完人。

《三國演義》中的張飛是一條令人稱道的好漢，他打仗勇猛，性情直率，但為人莽撞，辦事粗心；

關羽可謂智勇雙全，俠肝義膽，但過於講求「忠義」，卻忽視了原則；

諸葛亮在人們心中應該是一個無可挑剔的「完人」，但他沒有聽進劉備「馬謖言過其實，不可大用」的勸告，兵出祁山，叫馬謖去守街亭，結果蜀軍大敗，導演了一齣「揮淚斬馬謖」的悲劇。

清末民初的著名人物楊度，被人稱為「曠代逸才」，他一度逃避清廷迫害而亡命日本，一度受袁世凱的賞識做過高官，一度與軍閥曹錕、張宗昌交往甚密，甚至還做過上海流氓頭子杜月笙的入幕之賓。但誰也不曾料到，就是這個楊度，在上海白色恐怖年代，參加了共產黨，投身革命。周恩來總理在病重垂危之時，還特別叮囑《辭海》編輯部，將來寫到楊度時，不要忘了他晚年參加革命這一條。周恩來愛人以德的高風，令人感動。

良弓難張，良馬難乘，良才難令，這是一種普遍現象。懂得這一道理，在用人的時候，不求全責備，追求完美，分清主流與支流，用其所長，補其所短，這樣，領導藝術就會上升到更高一個層次，人才就會發揮更大作用。

四、走出誤區

以貌取人

愛美是人的本性。

人總是嚮往美好的事物。其實，不僅僅是事物，對人也是同樣。在人與人的交往中，那種氣宇軒昂、風度瀟灑的男子，或者亭亭玉立、面目姣好的女子，往往容易得到人們的好感。這種好感，是不自覺的，是無意識的，也是可以理解的。

但是，在用人的時候，以容貌的美醜，論及人的品德和才幹，就大錯特錯了。

記得有一篇〈哲學的邏輯〉的文章，作者用挖苦揶揄的筆調這樣寫道：

「嗯！從身材上看，我是矮小的，但拿破崙、雨果不也是這樣的嗎？我的前額不寬，而蘇格拉底和斯賓諾莎也是如此；我承認我是禿頂，這並不寒磣，因為有大名鼎鼎的莎士比亞與我爲伴；我的鷹鼻彎長，如同伏爾泰和華盛頓的一樣；我的雙眼凹陷，聖徒保羅和尼采也是這般；我的耳朵太長，可謂與獸耳半斤八兩，不過塞萬提斯的招風耳也是這般模樣。我那一高一低的雙肩，可以從甘必大那兒尋得淵源……」

接著作者又驕傲地寫道：

「這就是我！這就是我的實在。我擁有迄今爲止人類歷史上偉人的種種品質，一位擁有這麼多偉大品質的青年，是一定能幹一番石破天驚的事業的。」

作者爲我們描繪出了一位位外貌並不瀟灑，甚至有些醜陋的人物。但他們個個都是世界級頂尖人物，正是他們，爲人類社會的進步作出了不同凡響的貢獻。

墨家在論及重用人才的時候，十分反對以貌取人。《墨子》一書中，多次對當時各國國君以貌取人，提出了很不客氣的批評。

〈尙賢〉裡說：現在的王公大人，他們所使用的人才，都是自己的親戚朋友，以及有錢或者是漂亮的人。這些親朋好友，有錢、漂亮的人，難道就聰明有智慧嗎？

相貌良好，印象不錯，以爲人才難得，於是委以重任。相貌醜陋，印象不好，而輕視小看。

這就走進了以貌取人的誤區。

選拔重用人才應該注意些什麼？

墨家認爲應該是：不包庇父兄，不偏袒富貴，不寵愛美色。凡是賢者，就選舉提拔他們，使之富貴，給他官做；凡是沒有才能的就撤掉他們，使之貧賤，讓他們去當徒役。

墨家選用人才「不變顏色」、「賢者舉而上之」、「不肖者抑而廢之」的觀點，無疑是十分正確的。

孔子有位學生叫子羽，相貌堂堂，一副君子之容。孔子考察之後，認爲是個可用之才。可是同他相處一段時間以後，就發現子羽的行爲與外表很不相稱。孔子從這個學生身上總結教訓說：以容貌取人，我在子羽身上犯了錯誤。

孔子能夠清醒地認識到自己的錯誤，讓我們看到了聖人的用人原則和謙謙之風。以貌取人，還時時發生在我們現在的生活和工作中，給人們帶來種種不幸。

印度大詩人泰戈爾說：「你可以從外表的美來評論一朵花或一隻蝴蝶，但不能這樣來評論一個人。」

對於人才，尤其是這樣。

任人唯親

我國歷史上，曾有過一段用人問題的公案。

唐人崔祐甫做宰相不到兩百天，就引薦任用了八百人。有一天皇帝問他：有人說你引用的人往往沾親帶故，這是怎麼回事？崔祐甫沒有否認這個事實，但卻講出了一番道理。他回答皇帝說：臣為陛下選擇百官，不敢不認眞負責，如果我所舉薦的人，是從來不認識的人，我怎麼能瞭解他的才能品德而加以任用呢？崔祐甫的話似乎很有道理，皇帝對他的回答表示滿意。

這件事，《新唐書》和《舊唐書》上都有記載，而且都是帶有讚揚的口氣加以描述。可是到了宋代司馬光，對此卻有自己不同的看法。他在《資治通鑒》裡寫道：「臣聞用人者，無親疏新故之殊，惟賢不肖之為察。」接著批駁了崔祐甫的說法：「夫天下之賢，固非一人所能盡也，若必待素識熟其才行而用之，所遺亦多矣。」意思是說，用人沒有親疏遠近之分，但是對於所用之人的品德才學卻一定要弄清楚。天下的賢良之才有很多，這不是哪一個人能夠全部掌握的。如果要等到對所用之人完全瞭解了再去起用，恐怕就會遺漏許多人才。

崔祐甫曾經輔佐過唐代宗和唐德宗，是一個比較正派的人物，歷史上對他的評價也比較高。但他的用人理論，卻是不正確的。司馬光批評他的話是有道理的。

對於任人唯親的問題，墨子曾發表過自己的看法。他說舉薦賢才應該「不黨兄弟，不偏貴富」。薦賢治國如果以貌取人，「親戚則使之」，就會出現「國家之亂」、「社稷之危」。「是故古之聖王之治天下也，其所富，其所貴，未必王公大人骨肉之親」。墨子還列舉了古代的堯發現任用舜，湯發現任用伊尹，武丁發現任用傅說等事例，說明用才應該任人唯賢，而不能任人唯親。

什麼是「任人唯親」？

所用之人，或親或友，唯親而舉，唯親而用，不看重所薦所用之人的品德才幹，就是任人唯親。

司馬光認爲崔祐甫「任人唯親」的人才觀會帶來人才的遺漏和埋沒，他只說對了一部分。其實，任人唯親，還有很多壞處。

其一，容易形成個人小圈子。

所用之人，非親即友，其關係當然就會不同一般，這就會在有意無意之中，形成小圈子。作爲領導，一旦被小圈子包圍，聽到的、看到的就會有很大的局限性，這勢必會對領導者的抉擇帶來無形障礙和影響。

其二，容易給人戴上有色眼鏡。

人是有感情的動物，對親近之人產生特殊的感情，本是人之常情，無可厚非。但一旦這種情感用在工作上，就如同一個人戴上了有色眼鏡，用人治事時會帶有很重的主觀感情色彩，處置工作會摻雜個人的好惡，就不可能處以公心，該獎的不獎，該罰的不罰，勢必會給工作帶來被動，危害無窮。

其三，容易讓小人鑽漏洞。

「不識廬山眞面目，只緣身在此山中。」對事是這樣，對人也如此。熟知並非眞知，雖是親近之人，常來常往，比較瞭解，但不一定看得十分透徹準確，這其中難免會讓心術不正的小人鑽漏洞。他們利用與領導者的特殊關係，趨炎附勢，結黨營私，幹出不得人心的事情。因其關係特殊，其他人也只能敢怒不敢言，時間一長，領導者的威信就會在這幫人手裡喪失殆盡。

「任人唯親」是封建時代的產物。「任人唯親」導致失敗，最典型的莫過於項羽。項羽這個人喜歡搞任人唯親，他所使用的人，不是他們姓項的，就是他妻子的兄弟，大舅子、小舅子一大堆。身邊有幾個才能突出的奇人，卻不能重用，所以他失敗了。當然，楚漢相爭以項羽失敗而告終，還有其他一些原因。但是，「得人者，得天下」，「任人唯親」在用人問題上的失策，是項羽失敗很重要的方面。

得意賢士不可不舉

墨家認爲，賢士是用來輔佐君王的優秀人才。因此只要得到賢士，計謀就不會缺乏；因爲有賢士的幫助，身體就不必勞苦。而由此建功立業，讓自己美好的聲名遠揚四方，這都是因爲得到賢士幫助的結果。所以，得意賢士不可不舉，不得意賢士不可不舉。

「不得意賢士不可不舉」，這句話好理解。意思是在遇到困難時，在不得意時，需要賢士的幫助，需要他們出主意，想辦法，克服困難，以取得成功。

「得意賢士不可不舉」，就有些費解了。

人，具有很強的功利性。在需要你時，會對你百般恭維，不惜重金聘你。而一旦目的達到，就會覺得你是多餘的。

功成名就，春風得意，一順百順，哪還需要賢士的幫助。有人出謀劃策是好事，但忠言逆耳，有時也覺得有些多餘。

「飛鳥盡，良弓藏；狡兔死，走狗烹；敵國滅，謀臣亡」。這樣的例子，可以舉出許多許多。

近讀報紙，一則某酒廠打官司的消息，引人注目，現摘錄如下：

十幾年前，孔府家酒還沒有成名的時候，為了設計包裝，向一位姓徐的書法家求字。字寫好以後，設計成了孔府家酒的包裝。若干年以後，徐先生準備自費出版一本書法作品集，因囊中羞澀，便想到了請酒廠贊助一下。當年為酒廠寫字，分文未取，如今酒廠發達了，每年的廣告費就是近億元，總會幫人一把吧。徐先生給酒廠廠長寫了一封求助信，並允諾在書法作品集裡，為酒廠和廠長本人作宣傳。誰知信去之後，如石沈大海。這下，書法家按捺不住了，以「侵權之訴」狀告酒廠。最後，法院一審判決，判酒廠向書法家一次性支付六萬元報酬。

堂堂一個酒廠，產品名噪四方，有能力用鉅款做廣告，卻不願向一個為自己的產品作過貢獻的人提供一點援助，這可謂得意之時，完全忘掉了使用人才的事情了。

得意與不得意，只是相對的。

昨天不得意，今天也許就會得意；今天的得意，並不意味著明天還會得意。而重用人才，得到人才的幫助，卻是永遠的。

「得意賢士不可不舉」，是說不可忘記賢才曾經作過的貢獻，不要得意忘形，得意忘本，要一如既往地尊重人才，重用人才。比如一個人爬山，向上攀登時艱難險阻，困難重重，需要一根手杖相幫。一旦登上山頂，在滿足和喜悅之後，征服者又會發現，前面還有更高的山峰等著他去攀登、去征服。路還很長很長，困難還有很多很多，需要加倍的努力和小心才是。成就和得意，只能說明過去。任重道遠，來日方長，手中的那根柺杖不能丟掉，它一直要伴隨著勇士攀上一座又一座高山，登上一個又一個事業的高峰。

「得意賢士不可不舉」。這句話，在功成名就的時候，尤其不要忘記。

箱子裡的秘密

會用人的領導，能放心大膽地讓手下的人去幹他想幹的事。既委以重任，就要敢於放手。

有兩種情況，是為用人之弊。

一種是對所使用的人的能力不放心，總是跟在後面，絮絮叨叨，千叮嚀，萬囑咐，放心不下。

還有一種情況，是對所使用的人的德行不放心，老擔心出問題，增設防線，備加警惕。既用人，又疑人、防人。或者是耳根子軟，聽信讒言，沒有主見，有缺點不當面指出，有話不當面說，無端懷疑使用的人。

墨子認為，上下之間有什麼意見、想法，要及時溝通。因為每個人都會認為自己的意見對，別人的意見錯。時間長了，就會互相攻擊。國君作為一國之長，就是要統一全國的意見，協調好大家的行動。既然用人，就不要懷疑人。這樣才能把國家治理好。

戰國時期，魏文侯派樂羊為大將、西門豹為副將出兵中山國。樂羊帶了五萬人馬，將中山國圍了一年多，就是不打。

樂羊有個兒子叫樂舒在中山國裡做官，他是不是為此而故意拖延時間呢？一時間，魏國上下議論紛紛。

樂羊的副將西門豹這時也著急了，勸樂羊快動手。樂羊對他說：「我們出兵中山國，不只是攻下城池，重要的是要收服人心、安撫百姓。我幾番放寬期限，中山國的國君姬窟卻一再拖延，這樣，民心就會向著我們。最後，我們就可以用最小的代價，得到城池，而且還能得到民心。」

姬窟把樂舒吊在城牆上，以此脅迫樂羊退兵。樂羊彎弓要把兒子射死，要不是姬窟手下的人動作快，樂舒就死在父親的箭下了。最後，姬窟技窮，把樂舒殺了。

不久，樂羊指揮大軍順利地打下中山國，國君姬窟也自殺了。

樂羊安撫了中山國的百姓後，班師回朝。魏文侯親自出城迎接，並為樂羊舉行了隆重的慶功宴會。魏文侯稱讚樂羊是仁義之師，群臣稱讚樂羊大義滅親。聽了這些讚揚之聲，樂羊不免有些洋洋得意。

宴會散後，魏文侯留住了樂羊，說：「我賞給你一件東西」。樂羊接過一看，是一只密封的箱子，心想這裡邊一定是裝的金銀珠寶吧。

樂羊回去打開箱子後，出了一身冷汗。原來，箱子裡並不是裝的什麼金銀珠寶，而是滿滿一箱告密信和奏章，都是樂羊進攻中山國時群臣寫的。調子都是一個，說樂羊念父子之情，絕不會攻打中山國，如不及早撤換他，五萬大軍就有謀反的危險。

樂羊什麼都明白了。第二天，他找到魏文侯說：「大王用人不疑，實是英主。大王這樣信任我，我一定肝膽塗地，以死相報。」

魏文侯可謂明君，他深諳「用人不疑，疑人不用」的道理。否則，中山國是否能破，樂羊造不造反，還眞是很難說呢！

用人不疑，要求用人者有博大的胸襟，站得高，看得遠，不爲眼前的一得一失所迷惑。雞腸小肚、斤斤計較的人，是很難做到這一點的。

用人不疑，還要有一定的膽識。這膽識，又是建立在信任的基礎之上的。

用人不疑，要求用人者要擺正自己的位置。這就是，用人者與被用者，既是上下級之間的關係，也是同事、朋友之間的關係。下級應該服從上級，聽從上級的指揮；是朋友就要信任，不能無端懷疑。有了意見及時溝通，出現錯誤及時指出、糾正，而不能亂懷疑、瞎猜忌。

禍端往往是從亂懷疑、瞎猜忌開始的。

太盛難守

墨家非常強調人的主觀能動性，追求積極進取精神。但是在論及有關人才問題時，卻提出了「太盛難守」的理論，意思是人才太突出了，就很難保全自己。

為了說明「太盛難守」，墨子打了許多比方。他說，我手上有五把錐子，有一把最鋒利，那麼這一把最鋒利的錐子必定最先被折斷；我手上有五把刀子，有一把磨得最快，這一把最快的也會最先被用壞。所以甘甜的水井往往先枯竭，高大的樹木常常先被砍伐；比干的死是因為他剛正不阿的緣故；孟賁的被殺是因為他勇武過人；西施被沈沒於江中，是因為她太漂亮；吳起身遭車裂，是因為他一心想變革。從這些人來看，很少有不死在自己的長處上的。所以最後墨子下的結論是「太盛難守」。

墨子「太盛難守」的理論，很有點類似道家的「無為」學說。

相傳常樅是老子的恩師。常樅快要死了，老子趕去看他，也想最後一次請教老師。常樅張開嘴巴問老子：「你看看我的舌頭還在不？」

「在啊。」

「我的牙齒還在不？」

「一顆也沒有了。」

「你知道這是爲什麼嗎？」

老子想了一會兒，回答說：「知道了。舌頭還在，不就是因爲它柔軟？牙齒全掉了，不就是因爲它太剛強了嗎？」

常樅拉著老子的手感慨地說：「是啊，做人的道理都在裡面了。」

道家主張絕聖棄智，「不尙賢，使民不爭」。認爲社會上的爭奪是因爲有了賢人，如果那些聰明能幹的賢人得不到社會的尊重，百姓就不去向賢人看齊，社會上的爭奪也就沒有了。所以道家追求「無爲而治」、「道法自然」。

但是仔細琢磨，我們就會發現，墨家的「太盛難守」，與道家的「無爲而治」有著本質的不同。

「太盛難守」強調的是治事不要過頭，而不是無爲。

做事要勤勉，但勤則易盛，太盛則難守。要勤而謙和，而不能勤而驕狂。

墨子在〈非命〉中，反覆講敘了「勤」與「盛」的道理。他說，王公大人之所以勤勉於政，是因爲他們懂得勤必治，不勤必亂；世卿大夫之所以勤心盡責，是因爲他們明白勤必榮，不勤必辱；黎民百姓之所以辛勤勞作，是因爲他們知道勤必富，不勤必貧。假如上自王公大人，下至黎民百姓，都懶散消閒，天下非大亂不可。所以既要「勤」，又要防止「盛」；既要積極進取，又要戒驕戒躁。

在現實生活中，往往會有這樣一些人。他們頭腦敏銳，敢說敢幹，工作勤奮，並且也做出了一定的成績。但是他們往往恃才自傲，唯我獨尊，這樣很容易脫離群衆，並且遭到別人的嫉妒。

這，就是墨家所說的「盛」。

木秀於林，風必摧之；堆出於岸，流必湍之；行高於人，衆必非之。人，都應該保持中和謹愼的態度，踏踏實實工作，不驕不躁，任勞任怨。才幹，是更好地爲社會作貢獻所必須具備的，而不能成爲驕傲自大的資本。事物發展到極限，必然會走向反面。

一方面，要積極進取，另一方面，又要時刻警惕「太盛」。積極進取和「太盛」是矛盾的兩個方面，處理好了這對矛盾，就能夠保持長盛不衰。

「太盛難守」是墨家給人們敲響的一記警鐘。應該讓這響亮的鐘聲，在耳邊長鳴。

【領導策略】

怎樣更有效地使用手中的權力，是一門值得研究的學問。

領導是協調、是督促、是指揮。

領導更是一門藝術。

一、建功立業的秘訣

歡迎全軍覆沒的將軍

多幹事的人多挨批評，少幹事的人少挨批評，不幹事的人不挨批評。初聽這話，覺得不可思議。細細再想，又覺得也不是全無道理。

有的領導，總喜歡挑部下的毛病，以此顯示自己的才能。部下做事難免會有失誤，所以事做得多，批評也就會挨得多，不做事反倒不會挨批評。

還有一種領導，部下沒有失誤他也挑刺。所以有人說，對付這種挑刺領導，最好的辦法就是不幹活。

可是說來你也許不信，有人在戰場上打了敗仗，卻受到了國君的隆重歡迎。

這件事發生在二千六百年前，這位國君，就是春秋時期有名的霸主秦穆公。

秦穆公是一位豁達、很能聽取意見的開明君王，但他有時也固執己見，一意孤行。

西元前六二八年，秦穆公趁晉文王病死的機會，要去攻打晉國的盟國鄭國。當時，百里傒和蹇叔都極力反對，認為千里奔襲會走漏風聲，很有可能在半路遭到晉國的暗算。但是秦穆公主意已定，不聽勸告，執意派百里傒的兒子孟明視為大將，西乞術、白乙丙為副將，攻打鄭國。

果然，晉國新即位的君主晉襄公早已得到情報，便派了大軍埋伏在秦軍必須經過的崤山山谷。崤山山谷地形險要，秦軍長途跋涉來到這裡，已是疲憊不堪。晉軍發起攻擊，很快就將秦軍打得大敗，俘獲了孟明視、西乞術和白乙丙。

怎樣處置這三個敗軍之將，晉襄公費了一番腦子。按照當時各國的慣例，孟明視等三人打了敗仗，回去必死無疑。晉襄公想，還不如留個人情，不殺俘虜，放他們回去，讓秦穆公去處死他們。

沒想到孟明視三人回到秦國後，秦穆公不但沒有殺他們，還親自出城迎接。有人對秦穆公說：「敗軍之將，理應斬首，你為什麼還對他們這樣禮遇？」

秦穆公回答說：「出師之前，蹇叔、百里傒都極力勸阻我，我沒有聽從，孟明視、西乞術和白乙丙都是傑出的大將，只是因為我的錯誤才兵敗被擒。再說，勝敗乃兵家常事，如果打了敗仗就殺將領，怎麼能夠安定民心呢！」

秦穆公好言安撫了三位將軍，他們感動得嗚嗚大哭，發誓要雪恥報仇。

三年之後，孟明視、西乞術、白乙丙三人統率大軍伐晉。大軍渡過黃河，孟明視命令燒掉渡船，表示不成功則成仁、勇往直前的必勝信心。這次，孟明視沒有辜負秦穆公的期望，大敗晉軍。

得勝回國時，孟明視特地把軍隊帶到當年全軍覆沒的崤山，收殮埋葬了陣亡將士的屍骨，為死去的將士報了仇。

從這件事可以看出，秦穆公真是一位了不起的君主。

敢於自責，為部下承擔責任，是領導者應該具備的素質。能夠承擔責任，也說明領導者對自己的領導能力充滿自信。

領導者敢於承擔責任，就可以使部下更大膽地工作，充分發揮自己的才智和工作水準，勇往直前，取得成功。

領導者一味求全責備，不允許部下失敗和改正錯誤，就很難讓人為你更好地工作。想得到更多的人才，就會永遠是一句空話。

墨子說：「河流從來不嫌棄奔騰而來的小溪，所以它最終能成為大江大河；聖賢者不推辭自己本應承擔的責任，善待賢良，所以他能成為治理天下的英才。」

秦穆公能夠從部下的失敗中，認識到自己的錯誤，信任敗軍之將，所以他最終成為春秋時期的霸主。

上下情請為通

打仗需要瞭解敵情，「知己知彼，百戰不殆」。作爲領導者，則要訊息靈通，對下屬各部門和老百姓中出現的問題和情況，能很快瞭解，並及時作出處理。這就是墨家所說的「上下情請爲通」。

關於「上下情請爲通」，墨子的論述很多：當官不能高高在上，要體察民情，瞭解民衆疾苦，知道他們在想什麼，在幹什麼，需要什麼，反對什麼。只有這樣，才能爲政清明，治理得當，這官才能受老百姓歡迎。爲官若是不體察民情，不及時與下溝通，所提倡、鼓勵的恰恰是人民反對的，所反對和懲罰的恰恰是人民擁護的。長此下去，國家非亂不可。

做好「上下情請爲通」，首先要廣開言路。

要放下架子，虛心聽取部下的意見，這樣才能夠「上有隱事遺利，下得而利之；下有蓄怨積害，上得而除之。」

其次，要警惕偏信。

唐太宗有一次與魏徵談到了「明君」與「暗君」的問題。太宗問魏徵：「什麼樣的君主才能算是開明的君主，什麼樣的君主算是暗君？」

魏徵回答說：君之所以明者，兼聽也；其所以暗者，偏信也。

「兼聽」就是洗耳恭聽多數人客觀、公正、坦率的意見，如果意見是適當而合理的，就予以採納。

「偏信」就是只偏頗地信賴某一個人所說的話，而未能察納其他人的意見、建議。領導者在作決策的時候，必須根據各方面的情況與資料，來做綜合判斷，而不能只聽信某一人或幾個人的意見，就草率作出決斷。在處理事務，特別是在考察人的時候，「偏信」是最容易犯的毛病，要警惕身邊被「好心人」包圍，要跳出這個圈子，多聽聽不同人的意見。

第三，不僅僅是聽，更重要的還是要去看，去實地考察瞭解。

要經常深入基層、深入到群眾之中，多作調查研究，聽聽群眾的呼聲，瞭解群眾的疾苦，只有這樣，才能夠情況明瞭，心中有數。

墨子說，如果「上下情請為通」做得好，那麼數千里之外，有人做了好事，跟他一塊生活的不知道，鄰里也沒聽說，但天子卻知道了，對他進行獎賞；數千里之外，有人做了壞事，跟他一塊生活的不知道，鄰里也沒聽說，但天子卻知道了，對他進行懲罰。天下的人為此都感到害怕，認為天子的所見所聞簡直是神了。

墨子認為，這並不是天子的神奇，而是他做到了「上下情請為通」，用別人的耳目幫助自己視聽，所聞就遠了；用別人的口幫助自己說話，善言撫慰的面就大了；用別人的心靈幫助自己思考，謀劃策略就會很快得以實現；請別人幫助自己行動，事業很快就能成功。

墨子這一大段精彩的論述，闡述了「上下情請為通」在領導活動中的重要作用。

作為現代科學管理，「上下情請為通」還有一個很重要的方面，就是資訊的溝通和利用。隨著現代社會的發展與科技進步，資訊出現了增長急遽化、傳遞調整化、貯存微縮化、使用綜合化全球化的形勢。人類已進入資訊時代。從領導活動看，資訊既是領導決策以及用人、做思想政治工作的基礎，又是領導指揮、控制和協調不可缺少的條件。重視資訊工作，掌握資訊溝通和利用的方法，致力於資訊開發，充分利用現代化的辦公設備，提高資訊傳遞、處理的效率，對實現領導職能，更好地做到「上下情請為通」至關重要。

賞與罰

齊威王在歷史上是一個頗有政績的君主，他勵精圖治，賞罰分明。特別是他親自處理了東阿大夫與即墨大夫的案子後，名氣就更大了。

自從即墨（今山東即墨縣）大夫到任以後，就有一批人在齊威王面前說即墨大夫的壞話；而東阿（今山東東阿縣）大夫到任以後，又有一批人在齊威王面前說東阿大夫的好話。齊威王派人到兩個地方去調查，發現在即墨，地種得很好，人民生活富足，老百姓安居樂業。而東阿的情況則相反，土地荒蕪，人民的生活很貧困，四境也不太平。

爲什麼聽到的和看到的會出現截然相反的情況呢？原來東阿大夫買通了齊威王的左右，讓他們成天爲他吹噓，爲他日後封官得賞當內助。而即墨大夫只憑良心辦事，不會孝敬恭維誰，沒有內助。

於是，齊威王召見了即墨大夫和東阿大夫。他對即墨大夫說：「你做事有成績，而且不求我的左右替你宣揚。說明你爲人誠實，爲此我要封你爲萬戶侯。」他又對東阿大夫說：「東阿的老百姓已經民不聊生，趙國進犯鄄城，你不去救援；衛國侵占了薛陵你也不知道。有這麼多的劣跡，你卻賄賂我的左右爲你請賞。爲此，我要處死你和爲你吹噓的人。」

群臣個個震恐，以後凡事注重實情，再也不敢巧言欺詐了。由此，齊國日益強大起來。

以上這個故事，出自《資治通鑒》。它意在告訴後來的統治者，爲政要揚善懲惡，賞罰分明，要運用「賞罰」這根指揮棒，指揮統領部下。

墨子說，譽即讚譽、表揚，是表彰好人好事。誹即批評，是指明壞人壞事。賞即獎勵，是對下級功績的報答。罰即懲罰，是對下級錯誤的處理。

墨子又說：對好人進行獎賞，對壞人進行懲罰，只有這樣，國家才能得到治理。

歷代統治者，對如何運用賞罰，有過很多論述。商代開國君主成湯在《湯誓》中明令：不從誓者，殺其身，滅其家，滿門抄斬，絕不寬恕。戰國時期著名的軍事家吳起主張統領軍隊要「進有重賞，退有重刑，行之以信」。商鞅則說：「信賞必罰」，「厚賞重罰」。韓非子的說法更為具體，他把賞與罰，比作「二柄」，這二柄，就是「德」和「刑」。德，指的是按功賞賜；「刑」就是指懲罰殺人。「國家大事，唯賞與罰。」唐太宗掌握統領之術可謂達到了爐火純青的地步。在他眼裡，治理國家大事，並沒有什麼了不起，只要對下屬運用好獎賞和懲罰就可以了。

由此可見，用好「賞罰」這根指揮棒，在歷代政治家、統治者那裡，是多麼重要。

其實，不僅僅是治理國家，主政一方，領導一個單位，也是同樣的道理。

「賞罰」是指揮棒，也是警示器，領導者可以通過它告訴部下，提倡什麼，反對什麼；什麼是正確的，要繼續去幹；什麼是錯誤的，要馬上糾正。

運用好賞罰這根指揮棒，要注意以下幾個問題：

第一，賞罰及時。不管是獎勵還是懲罰，要及時。制訂賞罰制度，除了獎罰內容外，還應該有具體的實施時間。這往往是領導者忽視的地方。賞罰及時，才能真正起到彰揚、警示的作用。

第二，賞罰恰當。領導者不能濫用獎罰這根指揮棒。而是要根據自身的授權，制訂行之有效的獎懲制度。獎罰要合理、合法、公平，不論親疏遠近，按章行事，一碗水端平。絕不能有兩條賞罰標準。

第三，獎懲唯信。既已制訂獎懲制度，就要堅決執行。現實生活中，往往有這種情況，領導者爲了達到一定的工作目的，對獎勵信口開價，而一旦人們完成了任務，領導者又收回自己的諾言，獎勵不予兌現。這最容易刺傷人們的工作積極性。對於處罰也應是如此，不能遷就含糊。有人把懲罰叫做「熱爐法則」，意思是在工作中違反了規章制度，就像用手觸摸燒紅的火爐，馬上會受到燙手的懲罰。

第四，有獎有罰，獎勵爲主。獎罰不是目的，只是手段。通過獎罰，調動人們的工作積極性，這才是目的。現代領導科學認爲，獎與罰，是兩種激勵機制，意在要求被領導者積極上進。要更好地激勵人們上進，就要多獎勵，懲罰只是萬不得已而爲之。

墨子說：天下之人，都喜歡鼓勵，而害怕懲罰。作爲領導者，要深明此意。西方有一句現代管理名言：「處罰之手要高高揚起，輕輕放下」，說的也是這個道理。

響鼓還須重槌擂

領導用人，往往多把眼光停留在辦事不力的人身上，時時督促檢查。而對於精明幹練、辦事得力的人，有意無意地則會流於放任，對他們的缺點，也會以各種理由，給予諒解。這其實是一種誤區。

響鼓還須重槌擂。用人也是如此。

耕柱子是墨子十分喜愛的學生。有一次，耕柱子一件事沒有辦好，墨子對他發了火。

耕柱子覺得很委屈，對老師說：「難道我沒有勝過別人的地方嗎？」

墨子沒有正面回答學生的問話，而是給他打了一個比方。

墨子說：「我將上太行山，用一匹良馬和一頭牛來駕車，你將驅趕哪一種？」

耕柱子說：「我將驅良馬。」

墨子又問：「爲什麼驅馬呢？」

耕柱子說：「因爲良馬可以擔此重任。」

墨子說：「我以爲你也可以擔當重任。」

正因爲耕柱子可以擔當重任，墨子對他的成長格外關注、留心。學生辦事得體，學習有了進步，老師即時給予表揚；學生學習不用功，事情辦得不好，老師毫不客氣地給予批評。

耕柱子好比響鼓，墨子的督促批評就是重槌。

響鼓的特點是，音色洪亮，鼓聲久遠。一個好的鼓手，再使以重槌，就可以把響鼓的特點淋漓盡致地發揮出來，敲出激動人心的鼓點。

善於指揮的領導者，對於優秀人才，除關心他們、愛護他們，還時時擂以重槌，督促他們勇往直前，發揮「響鼓」的作用。

二、領導藝術

「能級」原理

某公司的一位部門經理，深得用人之道，經理當得輕鬆自如。該做的事一經他交代，手下的人便各盡其責，各展其能。任務完成情況他及時掌握，做得好的就獎勵，做得不好的就批評。因爲領導有方，工作出色，這位經理常常得到上司的表揚，自己也有比較充裕的時間，讀書學習，做一些自己想做的事情。星期天，他還常常到河邊垂釣。上司滿意，下級擁護，這經理可以說當得好不輕鬆。

與此相反，某單位的一位辦公室主任，卻做得很吃力，工作交代下去以後，他總是不放心，一怕部下做不了，二怕部下做不好，事必躬親。成天忙忙碌碌，累得昏頭昏腦，人家早下班了，他辦公室還亮著燈，沒有星期天，沒有節假日，常常感歎時間過得快。他工作認眞勤勉，可工作效率、成果總是不盡如人意，部下對他的領導方法無所適從，有意見；上級認爲他的工作沒有做出成績，也有意見。他自己始終也弄不明白，這工作怎麼就這麼難做。

爲什麼有的領導工作輕輕鬆鬆，遊刃有餘，有的人卻格外吃力，加班加點，事倍功半呢？一個很重要的原因，就是不會用人。

衡量一個領導者水平的高低，就看他會不會用人；而會不會用人的關鍵，又在於能不能識別人才，能不能根據人才的不同特點，安排工作。

墨家認爲，每個人都有自己不同的才幹，有的人在這方面是專家，有的人在那方面有特長，作爲領導者，就是把這些人調動起來，充分發揮他們的長處，爲我所用：能夠治理國家的，就讓他去治理國家；能夠主持官府的，就讓他去主持官府；能夠管理縣邑的，就讓他去管理縣邑。「用其謀，行其道」，作爲統治者，只是做一些管理、協調、決策工作就可以了。

按照墨子的用人觀，就是要充分發揮人的主觀能動性，作爲領導者，要給部下提供機會，讓他們充分施展自己的才華，放心大膽地讓他們去幹。

領導者的能力再大，總是有限的。只有充分調動大家的積極性，集中部下的聰明才智，才能把事情辦好。

古代用人，全憑經驗。而在現代社會，用人必須從經驗上升到科學。作爲領導，怎樣做好協調工作，把不同的人恰到好處地用到不同地方，這是現代管理科學研究的一個基本問題。本世紀初，科學家們發現原子中繞核運轉的電子，只能處在一系列不連續的、分立的穩定狀態。這些狀態分別只有一定能量，其數值各不相等。如果把這些狀態的能量按大小排列，其形式就像梯級一樣，科學家們稱之爲「能級」。這一新穎的「能級」概念，給現代管理研究者以深刻的啓示：穩定的結構是一個具有不同層次、不同能級的複雜系統。在這樣的系統中，每一個元素根據本身能量的大小而處於不同的地位，這樣才能保證結構的穩定性和有效性。

在現代社會中，人有各種不同的才能，各種崗位具有不同能級，現代化管理要求，用人者必須使相應才能的人處於相應能級的崗位上，人盡其才，才盡其用。這就是現代管理學中的「能級」原理。

能級原理，是根據每個人不同方面的能力，安排適當的崗位。比如，那些有高瞻遠矚戰略眼光、具有一定組織才能、能識人用人的人，就把他放到指揮崗位上去；那些思想活躍、興趣廣、吸收新鮮事物快、綜合分析能力強、沒有權力欲望的人，可以把他放到反饋崗位上；那些公道正派、鐵面無私、同時熟悉業務、善於聯繫群衆的人，可以用到監督崗位上；而忠實肯幹、任勞任怨、善於領會領導意圖的人，則可考慮把他用到執行崗位上。

每個人都有他自己的性格、稟賦、興趣、愛好，根據各人不同的特點，給他們以適當的崗位，這就是現代領導藝術。

榜樣的力量

以身作則，是領導作風中很重要的一個方面。

《墨子》中，有很多地方都談到以身作則、上行下效的問題。如〈尚同〉中說：國君贊成的事，大家都贊成；國君反對的事，大家都反對。去掉自己不好的言論，學習國君好的言論；改掉自己不好的行為，學習國君好的行為。君王本是天下最賢良的人，全國人民都要效法他。

墨子還列舉事實，用許多生動的例子，來說明這個問題。

晉文公喜歡臣下穿粗劣的衣服，於是大臣們都穿著老羊皮袍子、頭戴棉布帽子，佩劍也不加裝飾，進宮參見君王，處理公務。以致滿朝文武官員都以此為時髦。

楚靈王好細腰，於是臣子們每天只吃一頓飯，先吸氣收縮然後繫腰帶，手扶著牆才能站起來。過了一年，滿朝臣子個個都人瘦面黑。

越王句踐喜歡戰士勇敢，專門訓練了三年，還不放心。他私下讓人放火燒宮船，假裝說：「越國的寶貝都在這裡面！」並親自擂鼓，激勵士兵救火，士兵們爭先恐後去救火，死傷無數。

墨子總結說：「吃得少，穿得破，犧牲生命去救火，這都是很難得辦到的，但大家都做到了。這是什麼原因呢？是因爲人們爲了迎合國君的喜好。國君喜歡這樣，所以大家就能跟著做。」

從墨子舉出的幾個例子中，我們可以明白，領導號召的力量有多麼大。

爲什麼領導者的號召力有如此之大？可以從三個方面來分析。

一是迎合的思想。部下爲了討得上級喜歡，贏得領導的高興，便爭相按照上級領導人的喜好辦事，否則很難升官晉級。

二是害怕受到懲罰。國君手裡掌握著生殺大權，順我者昌，逆我者亡，作爲臣民哪個還敢不聽不從。

三是無形之中的影響。榜樣的力量是無窮的，上級領導的喜好，往往很容易在有意無意之中，潛移默化，影響到下級。

現實生活中，這樣的事例，可以隨手舉出許多。

如某單位的領導喜歡文娛體育，這個單位的文體活動就會開展得很好。

某單位的領導工作作風嚴謹，走進這個單位，你就會發現這個單位的辦公室窗明几淨，工作秩序有條不紊。反之亦然。

現在有人這樣認爲：身爲領導，應該多抓經濟，抓大事，經濟上去了，群衆的生活提高了，至於其他方面，諸如領導者的住房面積是否超標，小車是否豪華，大可不必去管他。這種理論，乍聽似乎有些道理，黨和政府的領導人，整天爲民操勞，只要有政績，能讓大家都過上好日子，享受一點特權未嘗不可。老百姓也不會有什麼意見。細細一想，就會發現這其實是一種怪論。暫且不論其他方面，僅就領導人可以搞特權這點，勢必會影響到下級機關，其結果是上行下效，凡有一官半職的人，都會凌駕於老百姓之上搞特權。這樣下去，後果可想而知。

當年唐太宗對臣下們說：

「若安天下，必先安其身。未有身正而影曲，上治而下亂者。」

這段話無疑非常深刻。

中央一再強調，反腐倡廉，應該從內部做起，從領導幹部做起，堅決不能搞特權。這是中央制定的安邦治國的大計，車輛豪華，住房超標，可不是件小事情。

人，往往喜歡從衆、從上。作爲領導者，要能夠因勢利導，以身作則，起好帶頭作用。這帶頭作用，關鍵是「從我做起」。「己所不欲，勿施於人」，要求別人做到的，首先自己要做到。墨子說：

「去而不善言，學國君之善言；去而不善行，學國君之善行。」

領導者用自己的「善言」、「善行」去影響部下，上下形成一股合力，才能共同成就輝煌的事業。

擇務從事

墨子即將出遊，學生魏越十分好學，想藉這個機會向老師請教。他問墨子：「先生您這次出遊，見到四方的君主，您會先說些什麼呢？」

墨子回答道：「凡到一個國家，千頭萬緒，要做的事情很多，但必擇最重要的事情去做。國家昏亂，就教他尚賢、尚同；國家貧窮，就教他節用、節葬；國家喜好聲樂沈迷酒色，就教他非樂、非命；國家淫僻無禮，就教他尊天、事鬼；國家以大壓小侵奪欺凌，就教他兼愛、非攻。故曰『擇務而從事焉』。」

「擇務從事」，就是要抓重要的事情去做。

不管是一個地方的行政首長，還是一個小單位的主管領導，擺在案頭的工作都會很多。事情有輕有重，工作有緩有急。能力強的人，能夠很快分出輕重緩急，在紛繁雜亂的頭緒中，抓住重要的事情。不會辦事的人，則分不清主次重輕，鬍子頭髮一把抓。

能夠擇務從事，是一種能力。凡事抓住關鍵，工作就會安排得井井有條，忙而不亂。這樣，既可在繁雜的事務中保持清醒的頭腦，還可騰出時間兼顧其他。不能夠擇務從事，工作分不出輕重緩急，就會成天暈頭轉向，到頭來一事無成。不是人在處理解決事，而是被事牽著鼻子走。被動應付，雜亂無章。

作家張天翼筆下的華威先生，就是一個被事務牽著鼻子走的典型。他永遠挾著他的公文皮包，永遠拄著那根黑油油的手杖，發表演講，作報告，奔走於一個又一個的會議，忙得不亦樂乎，還叫著要取消睡覺制度。一天忙下來，華威先生一件事情也沒辦成。

現實生活中，類似華威先生不懂得擇務從事，被事情牽著走的人很多。他們整天忙忙碌碌，心力交瘁，到頭來一事無成。

要做到「擇務而從事」，首先要有整體觀念，高屋建瓴，統領全局，處理好整體與局部的關係；其次要具有較強的業務能力，準確把握事情的主次輕重；第三處理問題要果斷，快刀斬亂麻，不能拖泥帶水。

其實，「擇務從事」，不僅僅是指領導者，一般的工作人員也應該努力做到。這樣，工作效率的提高就會是顯而易見的了。

得鼓而進於義

工作有主次之分，事情有大小之別。在領導活動中，不僅要分清主次，抓主要事情，而且還應該分清大事小事，抓住大事不放。事無巨細，什麼都管，就會事倍功半，什麼也管不好。

魯國南部的大山上，住著一個叫吳慮的山民。吳慮十分勤勞，成天都在地裡忙著農活。春天，耕耘播種；夏天，鋤草澆水；秋天，收割打場；到了冬天，田裡的活忙完了，他又上山挖土製陶。

吳慮對自己的所作所爲十分欣賞，也很滿足，以爲聖人也不過如此。所以，他把自己比作堯舜。

墨子聽說後，就去看望他。

吳慮對墨子四處奔走，宣傳自己的思想、學說不以爲然。他對墨子說：「義啊，義啊，何必用言語去宣揚它呢？」言下之意，像他這樣努力去幹就行了。

墨子對吳慮說：「我曾計算過，我如果去種地，頂多也只相當於一個農夫的勞動，種出來的糧食分給天下人，每人還分不到一升粟。即使每人分到一升粟，也不能解決天下的饑餓者。我也曾想到過織布，但頂多也只相當於一個婦女的紡織，紡出來的布分給天下人，每人還得不到一尺布。即使得到一尺布，也不能使天下寒者都得暖。我也曾想披著堅固的鎧甲，拿著銳利的武器，去幫助諸侯度過危機，但也頂多相當於一個士兵的作用，一個士兵作戰哪能抵禦三軍。我以爲不如通過先王之道，探求其學說，通曉聖人的言語，考察聖人的文辭，對上遊說王公大人，對下勸說士人百姓。王公大人採用我的意見，國家必定得治；士人百姓若用我言，品行必定有修養。所以，我認爲雖不去耕田給饑者吃，不去織布給寒者穿，但其功效超過耕田給饑者吃，織布給寒者穿。」

吳慮似乎還沒有明白其中的道理。

墨子又問他：「假使天下人都不會耕作，教人耕作的人，與沒有人教自己去探索，哪一個人的功效大？」

吳慮回答說：「教人耕作的人的功效大。」

「假使去攻打不義的國家，擊鼓令人前進，與沒有人擊鼓各人單獨作戰，誰的功效大？」

墨子又問。

「擊鼓令衆人前進的功效大。」

「天下士人百姓，很少有人知道義，用義來教天下人，『若得鼓而進於義』（像擊鼓一樣令衆人學義），那麼我的義豈不是更前進了嗎！」

墨子的這段對話，講的就是領導藝術。

領導，就是帶領、引導。領導者的作用，就是作出正確抉擇，帶領部下去實現既定目標。領導者的職能首先是決策，其次是組織、協調。簡而言之，領導就是抓大事。

「得鼓而進於義」，作用就在於它的激發力和號召力。

聰明的領導，就像墨子所說，教人耕作紡織，擊鼓令人前進。抓大事，促人心。調動衆人的積極性，遠勝於事必躬親，碌碌無爲。

不聰明的領導，大事小事不分，統統抓在手上。工作吃力，且效果不好。

領導好比鼓手：用好手中的鼓槌，敲出高昂激越的鼓點，指揮激勵部下奮勇向前，走向成功。

仁愛的背後

考察人才，領導部下，主要是注重其實際工作業績，同時其工作動機與出發點，也不能忽視。只有把業績與動機結合起來考察，對部下才會有全面瞭解，才不會被某些假象所迷惑。

魯國的國君對墨子說：「我有兩個兒子，一個愛好學習，一個喜歡將財物分給人家，你認爲這兩個兒子，誰可以做接班人？」

墨子答道：「這還不能馬上知道。也許您的兩個兒子，是爲了賞賜和名譽才這樣做的。打個比方吧，釣魚人一聲不響、恭順地等候在岸邊，並不是尊敬和賞賜魚兒；捕鼠人用肉作誘餌，也不是喜歡老鼠，對老鼠施以仁愛。我希望國君您考察兩個兒子的時候，應該『合其志功而觀之』。」

志，即心志；功，即功效業績。意即把他們所作所爲的動機和效果結合起來進行考察。釣魚人的恭順是爲了釣到更多的魚；捕鼠人似乎特別仁愛，但仁愛背後卻隱藏著殺機。表面上的恭敬和仁愛不足爲憑，主要看隱藏在恭敬和仁愛背後的實質。

西方有一句諺語：「不想當元帥的士兵不是好士兵」。這句話本身沒有錯。但是，我們如果用墨子的「合其志功而觀之」，加以考察分析，就會出現幾種情況。

士兵想當元帥，是爲了光宗耀祖，表示自己事業的成功，這本無可厚非；

士兵想當元帥，是爲了統帥千軍萬馬，保衛祖國，反對侵略，爲正義而戰，這當然很好；

士兵是一個戰爭狂，他想當元帥是爲了實現自己的某種野心，對外發動戰爭，對內推翻國家政權，給人民造成災難，如同希特勒那樣。這樣的人一旦當了元帥，就會戰爭不絕，血流成河，給人類帶來災難。

儘管這些士兵打仗勇敢，戰功卓著。但是一旦要讓他們當元帥的時候，就不得不考察他們戰功背後的動機了。

現實生活中，不乏這樣的情況。某單位有一個領導職位空缺，有好幾人同時競爭。各人的動機會有所不同。有人想競爭成功，更好地施展自己的才華，把工作做好。有人則想利用這一職位，得到更多的好處和實惠。也許還會有人想得到這一職位，是爲了某些不便言明或不可告人的個人目的。

後兩種人，爲達到目的，他們會給人以假象——工作出色，業績突出。一旦目的達到，就會原形畢露。

由此看來，「合其志功而觀之」顯得尤其必要和重要。這樣，才會對部下有全面瞭解，才不會留下日後的遺憾。

三、走出誤區

警惕小人

什麼是小人？恐怕很難下準確的定義。

先講兩則關於小人的故事。

故事一：

南北朝時的南宋朝廷有個臣子叫顏師伯，此人精於諂媚奉承，很會拍馬屁，孝武帝劉駿對他寵信有加。顏師伯同皇帝的關係不同一般，別人辦不成的事情，只要顏師伯出面，定能辦成。所以前來賄賂他，求他辦事的人特別多。他家裡因此積累了上千萬的財富。

一次，皇上在朝廷閒著無事，便與顏師伯玩一種賭博的遊戲擲骰子。孝武帝一擲下去，得了五個「五」（雉）字，他自認爲必勝無疑，非常高興。

誰知顏師伯的運氣還要好，一擲下去，竟得了五個「六」（盧）字，贏了皇上。

孝武帝頓時臉色大變。

顏師伯精得很，暗中把骰子一撥，然後假裝失望的樣子，跺著腳喊道：「唉呀！差一點就全是『六』啦。」

當天，顏師伯輸了一百多萬錢給孝武帝。

故事二：

唐朝有個宮廷樂工叫羅程，他彈得一手好琵琶，很得武宗和宣宗兩代皇帝的歡心。特別是唐宣宗，喜歡音樂，通曉樂律，對他更加欣賞。於是羅程便仗恃著特殊的恩賜，行爲橫暴，別人哪怕瞪他一眼，他也要殺人報復，爲此他受到了應得的懲罰，被判處死刑，關進了京城的監獄。

羅程的同黨們想替羅程求情，於是趁宣宗遊後宮奏樂時，就設了個空位，座上擺著個琵琶。果然，空座引起了宣宗的注意，他問這是幹什麼？衆樂工便圍著宣宗磕頭、哭泣：「羅程辜負了陛下，罪該萬死，然而，我們可惜他的這一手絕藝，不能再侍候陛下宴遊奏樂了，請求陛下寬恕他。」

唐宣宗笑著搖了搖頭：「你們可惜的是羅程的技藝，可是我顧惜的是大唐的國法呀！」

回宮以後，唐宣宗便下令用棍棒處死羅程。

顏師伯善於溜鬚拍馬，接受賄賂，幹一些見不得人的勾當。他不惜用一百萬作賭注，輸掉金錢，以贏得皇上的寵信。到頭來，他贏到的是諂佞與卑鄙，輸掉的是自己的人格。

羅程有著傑出的藝術才華，但他不是更好地施展自己的才華，而是有才無德，恃才放縱，無法無天，結果是斷送了卿卿性命。

墨子就很討厭溜鬚拍馬的小人，他常對人說：「諂諛奉承的人在身邊，就會阻塞好的建議，君子就會離你遠去，如果這樣長久下去，國家就很危險了。」

作爲領導，要提防身邊顏師伯、羅程之類的小人。他們明裡是人，暗裡是鬼，當著人是一套，背著人又是一套。口蜜腹劍，順我者昌，逆我者亡，仗勢欺人，無惡不作。

現在再回到本文開頭的命題：誰是小人？

小人，很有可能就是圍在你身邊，時時奉承討好你的人。這些人，很可能是你曾經最信任、最重用的人，你認爲最有才華的人。

提防小人，重要的一點就是時刻保持清醒的頭腦，謹防被花言巧語所惑。對一個人的評判考察，要著眼於長期的工作實踐。察其言，更重要的觀其行。不僅自己觀察，還要多聽聽旁人的意見。千萬不要被某些人的親近、好處或「才華」遮住眼睛，被他的花言巧語堵塞了耳朵。

小人往往就是那些有才無德的人。

無才無德，恐怕連小人也算不上，只是一個無賴而已。

孝武帝被顏師伯的假象迷惑住了。正如墨子所說的那樣，寵信小人，君子便會離他遠去。

唐宣宗的頭腦比較清醒，當他發現寵臣違犯了王法時，就毫不客氣地把他送進了監獄。而有人居然爲這個殺人犯求情時，他最好的辦法便是將這個人就地正法。

不聽誹謗之言

無中生有，說別人的壞話，誣衊別人，就叫誹謗。

遠古時代，舜爲了廣開言路，讓人在橋頭或路口立一根木柱，木柱上釘上一塊大木板，大夥對舜有什麼意見和建議，就寫在上面。這塊木牌，叫做「誹謗之木」。

由此可見，「誹謗」在上古，是個中性詞，並沒有什麼很壞的意思。

那個時代，言論自由，民主空氣也很濃。議論人君的過失，有些只是隨便說說而已，並沒有作認眞的調查研究，不負什麼責任。也許有的人只是洩洩私憤、發發牢騷而已。所以到後來，誹謗就由「議論別人的過失」，發展而成爲「無中生有，說別人的壞話」。「誹謗」就成為一個貶義詞了。

墨子曾告誡他的學生，要想成為一個正人君子，成就一番事業，有一點很重要，這就是誹謗他人的讒言不聽，攻擊他人的壞話不說，傷害他人的念頭不要記存於心。

誹謗他人的讒言不聽，要真正做到可不是那麼容易。因為，讒言外表往往有光彩奪目的保護層，要想分辨，是要花一番功夫的。

漢昭帝即位時不到十四歲，大臣霍光、金日磾、上官桀共理朝政。上官桀是個有野心的人，他勾結燕王劉旦，陰謀先殺霍光，再廢除昭帝。

一次，霍光出去檢閱羽林軍，同時把一個校尉調進自己府裡。上官桀認為機會來了，便假冒燕王劉旦的名義，上書昭帝，告發霍光。信中寫道：「臣燕王上書陛下，聽說大將軍霍光檢閱羽林軍，耀武揚威，規格同皇帝一樣。同時，私調校尉進府，顯然要篡上謀反，我願意馬上進京入宮，保衛陛下，以防不測。」

第二天，昭帝臨朝，霍光聽說上官桀告發了他，躲在偏殿裡不敢上朝。

誰知年幼的昭帝發話了：「大將軍檢閱羽林軍，離京城不遠，調用校尉也在近日。燕王旦遠在北方，他怎麼能知道此事？即使他知道了，立即派人上書，也要走許多天路程，就是今天也趕不到這裡。再說，大將軍真的要叛亂，也用不著一個校尉。可見，這分明是有人要害大將軍！」

昭帝雖只有十四歲，卻有很強的分辨能力。他通過分析判斷，認定這封信是一封誹謗信，目的是有人要害大將軍。

假如昭帝聽信了誹謗之言，是非不辨，不僅霍光的性命沒有了，恐怕最後連自己的皇位也難保。

果然，日後上官桀公開謀反，被早有察覺的昭帝平息。

不聽誹謗之言，看似是一句大白話，其實這中間蘊藏著深刻的人生哲理。位居領導，遇事要有自己的見解，要像漢昭帝那樣，能夠獨立思考，明辨是非，不能人云亦云，是非不分。

不聽誹謗之言，身爲百姓，可以遠離是非窩子，對那些搬弄是非、誹謗他人的人，最好的辦法是遠而避之，不聽不信，更不要輕易發表意見。

墨子提出的思想境界是很高的。不聽「亂」，不說「亂」，不想「亂」。

流言止於智者。

無規矩不能成方圓

日本首相橋本龍太郎愛抽煙在日本政治家中是有名的。在家裡抽，在辦公室裡抽，甚至在國會開會時也不例外。而且他還曾在公開的場合稱，香煙消費稅對國家和地方來講是一大財政收入，抽煙的人喜歡抽煙，並無妨。爲此，日本五名要求禁煙的活動家，在一九九七年三月向名古屋地方法院提起訴訟，狀告日本政府和橋本首相。他們認爲，橋本首相的言行不僅違反了憲法，也侵犯了要求禁煙的人們的權益。

區區幾個老百姓，竟爲抽煙的事，狀告首相，這在我們看來是不可思議的事情。這也說明，在一個法制健全的國家，哪怕是國家最高領導者，也不能做出有違法律的事情。

在法律面前人人平等，不管你是什麼人，只要你做出了違法的事情，就是國家元首，也同樣要送你上被告席。

墨子十分強調法制和規矩，他經常對學生們說：「普天下做事情的人，不可以沒有法則；沒有法則、標準而能辦成事，是不可能的。即使像那些出任將相的人，都要用法則來辦事。」

墨子還以工匠作比喻，他說，工匠用矩畫方形，用規畫圓形，用繩拉出直線。無論工匠的技巧怎樣，都是用這些工具爲標準，沒有誰能超出這個標準的。

他還說，爲人說話必須有一個標準，言論沒有標準，就像在車輪上確定早晚時間，這是不可能的。

沒有規矩，不成方圓。

爲人做事，都有一定之規。

工廠爲了保證生產正常進行，會制定一系列的規章制度，約束每一個員工；一個國家或地方，爲了保障人們正常的生活和工作，會制定相應的法律、條例，約束公民的行爲。

工廠沒有規章制度，生產就無法進行；國家沒有法律，社會生活就會亂套。

領導要讓下屬更好地去完成自己交代的任務，讓成千上萬的人服從自己的指揮，最輕鬆最有效的途徑，就是「用法則辦事」。

中國是一個有著幾千年封建歷史的國度，人們的法制觀念淡薄。曹操的座騎在行軍中受驚踩了老百姓的莊稼，按照軍令，他應該斬首。曹操的頭當然要比普通兵士的頭貴重得多，不得已，他只好以髮代首，表示自己還是守法的。曹操的做法，雖然帶有譁衆取寵的意味，但不管怎麼說，他還是懂得法律的尊嚴，知道自己制定的軍法，應該帶頭遵守。

法規面前，人人平等。既然有法、有規，領導就要以身作則，帶頭遵守，絕不能搞特權，做出超出法規的事情。否則，就會失信於民，到頭來，就會像橋本龍太郎一樣，被人送上被告席。

臣畏君威

墨子列舉了造成國家危害的七種禍患。其中有一種禍害就是「擔任官職的人只顧保持自己的俸祿，沒有當官的游俠之士只管自己結交朋友。君王制定法律嚴懲下臣，臣畏君威而不敢進諫」。墨子指出，如果長此下去，國家就非常危險。

用高壓統治臣民，是不能長久的。

只有一種聲音是危險的。

被稱爲「經營之神」的日本松下電器公司創辦人松下幸之助，在他的《經營人生》一書中，講了他考察美國工廠的感想，現轉錄如下：

「近年來，我到歐美跑了三四趟，參觀各地的工廠。其中對美國工廠的印象最深刻。在美國，公司總裁也和工人一起工作，大家都很親切、自然。雖然彼此保持著禮貌，但個人的平等感很強烈。如果我也在美國的工廠做事，無疑上上下下都會叫我一聲『阿幸』。……以綽號稱老闆並不損及老闆的權威，也不是輕視老闆的意思。不過，在美國公司，追究工作責任的態度卻很嚴格。這是應該的。自己分內的工作，應該負責完成，這是每個人的基本義務。但在工作時間以外，大家都是平等的，這道理他們每一個人都瞭解。……」

「我希望員工不再害怕上司，員工害怕老闆不是好現象。以威嚴或壓力加諸部屬，反而會降低工作效率。大家能夠自動工作，互相諒解、協調，才是最重要的。」

領導與部下平等禮讓，與部下同吃、同行、同勞作，這並不影響領導的威信，相反，還會提高部下對領導的信任。

開明的領導，總是努力營造一個寬鬆的工作環境。部下有意見，鼓勵他們大膽發表。部下工作有了成績，該表揚的及時表揚鼓勵；犯了錯誤，該批評的毫不客氣地批評。

但是，批評不是糾住不放，也不是戴帽子、打棍子。批評要講究方式方法，以理服人，適可而止。事情結束，批評完了，拍拍肩，是朋友的還是朋友。

有的領導喜歡抓住部下的錯誤不放，批評人也不注意場合和方法，以致造成部下的對立牴觸情緒。久而久之，就會使部下產生疏遠感，對領導敬而遠之。

有的領導，以部下害怕自己為自豪，這其實是一種誤區。

領導應該有威信，用墨子的話說：「以德為威信，才是眞正的威嚴。」威信就是要讓部下感到威而信，而不是威而畏。

臣畏君威，並不是一件好事。

明小而不明大

魏國國君魏文侯在一次宴會上，與國師田子方同席飲酒。席下有樂隊爲他們奏樂助興。鼓樂陣陣，鐘磬齊鳴，魏文侯邊飲酒，邊與田子方說著話。

忽然，談興正濃的魏文侯停下，仔細聽了一會兒音樂，對田子方說：「鐘聲不和諧吧？是不是左邊那個鐘的聲音高了些。」

田子方沒有回答國君的問題，大笑起來。

魏文侯不解地問：「你笑什麼？」

田子方回答說：「國君要深知樂隊指揮，而不一定深究音樂好壞的原因。你對音樂演奏有很深的研究，我倒擔心你對樂隊的指揮反而不太瞭解。」

治理國家，如同管理樂隊，田子方的潛台詞，不言而喻。

墨子在〈尙賢〉篇中也講了這個道理。

國君士大夫們，一天到晚講尊重人才，但他們尊重人才，只是馬病了，知道請良醫；弓壞了，知道請良工；而對於治理國家，卻反而沒有治病馬、修危弓那樣重視。注重小事，丟了大事，小事清楚，大事反而糊塗，這就是墨子所說的「明小而不明大」。「明小而不明大」，也是領導者最容易犯的毛病。

作爲領導，大到決策、指揮、協調、監督，小到督促、檢查、計劃、安排等等，眞可謂千頭萬緒，繁雜紛紜。在複雜的領導活動中，怎樣才能避免「明小而不明大」呢？

應該掌握原則性和靈活性的統一。對大的、總的、原則性的問題，應該堅持，絲毫不能含糊。而對實施過程中的具體方法、措施等，則可放手讓下級去辦。

要能夠分權，給部下一定的權力。分層管理，責任到人，使自己從繁雜的事務性工作中解脫出來，這樣才能夠站得高，看得遠，掌握宏觀，統領全局。

要把握好清晰性和模糊性，也就是我們平時經常所說的大事清楚，小事糊塗。對下級無關宏旨的小事，可採取模糊的態度，淡化處理。集中精力抓主要事物，做好決策與指揮。這樣，就能避免走進「明小而不明大」的誤區。

【修身要略】

修身乃立身之道，立德爲做人的根本。
品格德行，立身所貴。
志當堅毅，自強不息，
用高尚的言行，奏響一曲人生歡歌。

一、人格魅力

品德為本

中國是一個禮儀之邦。

萬事德爲本。

商人要有商德，要講究信譽和服務質量；文人要有文德，不能用手中的筆，妄自誹謗他人；武人要有武德，要扶正祛邪，伸張正義。

縱觀先秦諸子文章，無一不把道德品行擺到最重要的位置。孔子說：「君王如果用道德去治理國家、感化臣民，就會像北極星一樣，大家都圍繞在他周圍。」莊子說：「君主統治國家，最重要的是要用德。」管子說：「一個人有了高尚的道德，就不會爲外界不良的東西所迷惑。」「富貴不能淫，貧賤不能移，威武不能屈。」孟子的這段話，是指一個高尚道德的人應做到的。

墨子是一個具有很高道德修養的人，還在青年時代，他就以才華出衆、道德第一，被人稱譽爲「北方聖賢」，美名遠揚。就連墨子的批評者或激烈反對者，也不能否認這一點。如經常批評墨子的莊子，在《莊子．天下》一文中寫道：「墨子是天下德行最高的人，這樣的人是很難得的啊。」北宋道學家程頤極力反對墨子學說，但對墨子的品德行爲，他卻十分推崇，認爲墨子的道德修養達到了完美的境地。

墨子非常注重道德修養，他說，讀書人雖然講究才學，但品行卻是根本。這就像一棵樹一樣，根基不牢，就談不上樹葉的繁茂。

有才無德的人，是很難有所作爲的。也許他會利用自己的歪才，得逞於一時，但就像一棵根基不牢的樹，遇有大風，就會連根拔掉。

具備以下素質的人，才能稱得上品德高尚：

在事業上能夠孜孜以求，用自己不懈的工作，努力爲社會文明和進步作貢獻；

在生活上，能夠嚴格要求自己，用傳統的道德觀規範自己的言行；

爲人富於同情心，助人爲樂，不謀私利；

有高尚的理想和追求，有捍衛眞理的勇氣和鬥志，在需要的時候，哪怕獻出生命也在所不惜。

這，就是一個品德高尚的人。

要使自己品德高尚，墨子認爲最重要的是要有遠大的抱負和志向。他說：「勤奮於事的人，他的力量才能夠日益強盛；抱負遠大的人，他的品德才能日漸完善。」

這就是我們平時所說的，立志當高遠。

大丈夫建功立業，首先要立志，立常志，立大志，以此來修鍊品德，最終成就一番事業。

一個人出身高貴，純粹是偶然的。一個人的自然形體和容貌，不取決於個人的意志。但是，一個人的修養，或者說美的品格，卻是由自我意識作出的選擇。

讓我們都來修鍊自己的德行，以各自的道德人格魅力，把這個世界裝扮得更加美好。

君子之道

漢語裡，「君子」是一個很讓人推崇的詞。

在中國成語和史書留傳下來的名句中，有關君子的條目，恐怕不下幾十上百條。君子一言，駟馬難追。君子上交不諂。君子不蔽人之美。君子問災不問福。君子愛財，取之有道。

……

要作君子，不要當小人，這往往是我們言行規範、人生追求的一個標準。人們在平時的交往中，說某人是君子，就是說這人品行不錯，可以交朋友。如果說某人是小人，也就是說此人德行不好，在交往中，要加以小心。

怎樣的人才算得上是君子？墨子解釋說：「君子應該是貧困之時表現出廉潔，富貴之時表現出仗義疏財，對於生者表現出慈愛，對於死者表現出哀痛。」能做到以上這些的，就可算是君子。

墨子所說的貧困之時表現出廉潔，富貴之時表現出仗義疏財，就是在艱難困苦的時候，能夠潔身自好，不委曲求全；發了財、有了錢之後，能夠幫助那些窮困的人們，不惜財吝財，不做守財奴。

墨子所說的對於生者表現出慈愛，對於死者表現出哀痛，就是為人要有愛心和同情心，關心他人，愛護他人，當有人遇到困難和危難的時候，要及時伸出援助之手，盡自己所能去幫助他人。

武松在鴛鴦樓上殺了人，臨走時用死者的血在白牆上寫道：「殺人者打虎武松也。」大丈夫行不改名，坐不改姓，殺人償命，借債還錢。這，就是君子之風。

你可以稱武松是殺人犯，但你不能否認武松是君子。

君子與小人相對立。

當著人一套，背著人又一套。嘴上喊哥哥，口袋裡掏傢伙。偷雞摸狗，常做那些端不到桌面上的事情的人，就是小人。

不以成敗論英雄。君子與小人，也不能以成敗相論。項羽與劉邦，儘管前者剛愎自用，目中無人。後者從善如流，用人得當。你可以稱劉邦是了不起的政治家，是西漢很有作爲的開國皇帝。但如果用君子與小人來評價二人，項羽是君子，劉邦小人也。所以，晉人阮籍來到當年楚漢相爭的戰場，觸景生情，發出了：「時無英雄，使豎子成名」的感歎。

有人沒沒無聞一輩子，任勞任怨，兢兢業業，坦坦蕩蕩，他仍不失爲君子。有人曾經風雲一時，事業有成，威嚴顯赫，但如果用君子與小人的尺碼來衡量，他只不過是小人一個。

言必信，行必果

說話要講信用，做事要有結果。這就是言必信，行必果。

墨子曾對跟他辯論的告子說：

「口言之，身必行之。今子口言之，而身不行，是子之身亂也。」

嘴裡說的是一套，而行動上則是又一套，說的與做的不一致，這樣的人是不會有什麼大作爲的。

墨子認爲，君子貴在「言必信，行必果，使言行之合，猶合符節也，無言而不行也。」「言必信，行必果」，這是作人的準則。「君子一言，駟馬難追」，「一諾千金」，說的是同樣一個道理。上至天子，下至臣民，都以此規範自己的言行。

周成王年紀很輕就當了周朝的天子。一天，成王與弟弟姬叔虞在一起玩耍，成王隨手撿起一片桐樹葉，把它當作圭璧賜給姬叔虞，開玩笑說：「我用這圭璧封你。」周成王是君，姬叔是臣，臣受君封，天經地義。姬叔虞拿著桐樹葉，高興地跑去告訴周公。周公一聽，立即去見周成王，問道：「你剛才封姬叔虞了？」周成王說：「那只是我倆鬧著玩的！」周公滿臉嚴肅地說：「天子口中無戲言。天子的話就是規則，就是法律，史官要記載，樂官要吟唱，各級官員和平民百姓都要遵守執行。你既然說要封姬叔虞，那就不能更改，人不能言而無信，作爲天子就更不用說了。」周成王沒想到一句玩笑話，竟會惹出麻煩，不得已，只好把姬叔虞封於唐，讓他到那兒去當諸侯。

不僅是天子無戲言，對臣下說話要講信用，就是一般的朋友也應是如此。春秋時季札出使，在路上遇到了好朋友徐君。徐君見季札腰間掛的寶劍喜歡得不得了，季札見狀，答應等回來時將寶劍送給他。誰知季札完成了出使任務回國時，徐君因故死去了。季札爲了實踐自己的諾言，將那把寶劍掛在徐君墓前的樹上才離去。故事情節並不複雜，但是季札言行一致，恪守諾言的君子之風十分感人。

「信」的本義是「不欺」。孔子說：「人而無信，不知其可也。」人無信，並不是個小問題，它與一個人的道德、作風有著密切的關係。身分地位可以有別，興趣愛好可以相異，但不能言而無信，哪怕是隨便說說，也要對自己所說的話負責。

「言必信，行必果」，在商場上，同樣如此。

某公司一位新來的業務員在與一客戶談生意時，將產品的價格報低了，回來時才發現。如果再去找客戶更正，還來得及，但那樣，公司的信譽勢必受到影響。老闆最後決定就按報價將貨發給對方。為此公司損失了好幾十萬。老闆說，雖然我虧了幾十萬元，但這錢能夠賺回來，如果公司的信譽受了損害，則是花再多的錢也買不回來的。

墨子說：

「言不信者，行不果。行不信者，名必耗。」

信，包含著誠實，包含著責任。言必信，行必果。只有這樣，才能樹立個人的威信，建立個人與他人、個人與社會良好的關係。

說話要負責。要麼不說，說了就要去做，做就要有結果。實實在在，行就是行，不行就是不行。不能泛泛而論，誇誇其談，說起來熱熱鬧鬧，做起來冷冷清清。言不及義，文過飾非，行而不果，是最不得人心的。

自知之明

人，最難認識的是自己；最難戰勝的也是自己。

修身養性，磨練意志，就是不斷認識自我、改善自我、完善自我、超越自我的過程。道德修養高尚的，能夠很好地把握自己的言談舉止，正視自身的優點和缺點。「人貴有自知之明。」一個「貴」字，寫出其難。可見並不是每個人都能輕而易舉做到的。

不自量力，妄自尊大，得意忘形，當一個人的言行與這些辭彙聯繫在一起時，就會被稱作是無自知之明。

墨子曾對無自知之明的人，進行了批評：當代的君子，如果讓他們去殺狗、殺豬，他不會做就會推辭。如果讓他去當一國的宰相，雖然他無能爲力，卻還要去做。這實在是太荒謬了啊！

殺豬、殺狗，乃匹夫走卒所爲，自稱爲君子的人，當然對此不屑一顧。

一國的宰相，大權在握，一人之下，萬人之上，爲所欲爲，不可一世，才會使人朝思暮想。

「想」與「能」實在是兩個概念。

想官運亨通，卻不想自己的能力能否勝任。

想腰纏萬貫，卻不想有沒有生財的本領。

往往在「想」字上花功夫，卻沒有在「能」字多思考。嘲笑不自量力的螳螂，自己卻走進了螳螂的誤區，重犯螳螂的錯誤。

人，需要有面鏡子。這面鏡子，不是照美醜，而是照長短處、優缺點。以古爲鏡，可以知興替；以人爲鏡，可以知得失。

人，還是要多一點自知之明。清醒地認識自己的能力，不可驕傲自大，也不要妄自菲薄。這樣，才能更好地開創自己的事業，幹出更好的成績。

預則立

凡事預則立。

想做好一件事，要有目標，有計劃，有通盤的考慮，有周全的安排。把會出現的各種問題設想在前，這就是預。

事先無計劃、無預測，不設置種種困難因素，事到臨頭，再去尋找解決的辦法，不僅會自己處於被動，還會產生本可避免的損失。

墨子與學生鼓輕生討論事物可不可以預測。

鼓輕生認爲：「以往的事情可以知道，將來的事情不可以預知。」

墨子問：「假設你的父母在百里之外將要遇難，只有一天的期限，趕得到就能活，趕不到就會死。現在有堅固的車和良馬，也有劣馬和破車，叫你來選擇，你會選哪一種車呢？」

鼓輕生回答說：「當然是選良馬和堅固的車，這樣就可以快速到達。」

墨子說：「這麼說，將來的事情怎麼不可以預知呢！」

鼓輕生無話可說。

墨子認爲，凡事都可以預知。預則立，不預則廢。以爲將來的事情不可預知，是不正確的。

《呂氏春秋》有：

「凡智之貴也，貴知化也。」

化，變化。所謂「知化」，就是知道眼前，更知道由眼前生發出來的將來的變化。這就是大智慧。

世間之人，賢才良俊，無非根據眼前事理，而推斷日後之變。我們不相信有「前知五百年，後知一千年」的先知先覺，但我們可以對自己的工作學習、發展前途，作出科學的預測和安排。這是可行，也是十分必要的。

凡事預則立。

要做好「預」，就得注重自身素質，加強自我修養，提高分析和判斷能力。諸葛亮未出茅廬而知三分天下，寫出著名的《隆中對》，就是他自我修養、關注時事、注重培養自己分析能力的結果。

古往今來，芸芸衆生，諸葛亮只有一個。要人人學做諸葛亮，也是不現實。但凡事要預，長計劃，短安排，不能臨陣磨槍，倉卒應戰。

「一葉落而知天下秋」。勤於思考的人，能夠見微知著，把握未來，從蛛絲馬跡中，預見天下大勢。而駑鈍之人，滿地枯葉，尚不知秋之已至。

二、生命歡歌

說「勤」

墨子說：

爲人勤奮於事，則力量日益強盛，抱負日益遠大，品行也就會日漸完善。

勤，是人生上進必備的美德，是漫漫人生之路上不可或缺的動力。古往今來，不少大家名人對於勤奮，作過許多精闢的讚譽。《尚書》有「業廣唯勤」的記載。荀子認爲「鍥而不捨，金石可鏤」。東漢的張衡說：「人生在勤，不索何獲？」唐代文學家韓愈告誡人們「業精於勤，荒於嬉」。

勤，就是兢兢業業，能吃苦耐勞，對事業理想表現出執著的追求。墨家的一舉一動，正是體現了這一思想。

墨子和他的學生，沒有高貴的血統和政治靠山作依託，他們只能憑著自己的本事和勤奮闖天下，所以尤其看重勤。墨家以勤爲本，以苦爲樂。當時要加入到墨家集團，有一個很重要的條件，就是要勤於事，要能夠吃苦，要有強健的身體和吃苦耐勞的精神。做不到這點，就有可能被開除出墨家集團。

聽說楚王馬上要進攻宋國，情況緊急，墨子步行了十天十夜，趕往楚國。其吃苦精神可見一斑。在春秋戰國時期的諸子百家中，沒有哪一家能夠做到這樣。所以孟子說墨子是「摩頂放踵利天下爲之」。莊子稱墨子「日夜不息，以自苦爲極」。

墨家認爲只有「勤於事」，力量才能強大，就好比磨刀，一把刀口再厚的刀，只要在磨石上堅持不懈地磨下去，就一定能夠把它打磨得鋒利無比。

勤，是一種磨練，是一種積累。磨練、積累到一定的程度，就會來一次爆發。而每一次爆發之後，帶來的就是力量的更加強大。

勤奮的人，能夠抓住人生的每一個機遇。懶惰的人，則會失去應當屬於他的每一個機會。

「勤能補拙」，「人勤春早」，「一年之計在於春，一人之計在於勤」……中國文字中，關於「勤」的論述實在是太多太多了。鄧拓在《燕山夜話》裡，專門談到了「勤」。他說：

「古來一切有成就的人，都很嚴肅地對待自己的生命，當他活著一天，總要盡量多勞動、多工作、多學習，不肯虛度年華，不讓時間白白地浪費掉，我國歷代勞動人民以及大政治家、大思想家等等都莫不如此。」

鄧拓所指的大政治家、大思想家中，當然包括墨家人物。

「君子力事日強，願欲日逾，設壯日盛」。千百年來，墨家這種「勤於事」，「摩頂放踵利天下為之」的精神，世世代代留傳下來，積澱為中華民族優秀傳統文化，至今仍影響著我們。

天道酬勤。

志當堅毅

人生猶如登山，要攀上峰頂，會遇到坎坷和懸崖峭壁。

人生猶如過河，要到達河對岸，會跨越激流和險灘。

漫漫人生路，有順境，有逆境。故宮博物館中陳列的玉如意，只是表明了人們對「萬事如意」的嚮往。

天下不如意事，十常居八九。面對生活中的不如意，面對人生航行中的懸崖峭壁、激流險灘，是征服它、戰勝它，還是遇難而退，被它打垮。墨家認爲，應該想辦法征服它、戰勝它。

墨子說：意志不堅毅的人，他的知識就會受到局限，就難有大的作爲。

人應該意志堅毅，要能夠吃大苦、耐大勞，做生活的強者。

生活在春秋戰國時代的墨家，就是一群意志堅毅、以苦爲樂、性情特殊的人物。他們不認爲吃苦是壞事，以吃苦爲榮。即使是他們後來成了大器，仍是身穿粗布短褂，腳登麻布草鞋。爲了磨練意志，他們可以幾天不吃不喝，甚至將臉上塗滿黑炭。墨者即因此而得名。

人的本性是喜歡甜，討厭苦；喜歡順境，討厭逆境。而墨家卻是自找苦吃，視苦爲樂，這是爲什麼呢？一位哲人的回答是：「人們最出色的工作往往是在處於逆境的情況下做出的。」

人的一生，事事順心，一帆風順，是不可能的。如果要想幹出一番事業，更是要歷盡千辛萬苦。

「天將降大任於斯人也，必先苦其心志，勞其筋骨，餓其體膚，空乏其身。」

自古英雄多磨難，古往今來，一切有成就的人，莫不如孟子所說。

屈原遭小人暗算，被放逐到荒蠻之地，窮且志堅，寫成了名垂千古的《離騷》；

越王句踐臥薪嘗膽，最終雪亡國之恥，擊敗吳國，成爲一代霸主；

司馬遷受宮刑後，他沒有爲此消沈、頹唐，在逆境中奮起，終於寫成了千古絕唱的《史記》；

蘇武遭匈奴流放，北海牧羊十九年，歷盡磨難，終於持節回漢，成爲世代傳唱的英雄；

杜甫一生顛沛流離，歷盡磨難，坎坷的生活經歷，才使他寫出彪炳史冊的詩作，被後人稱爲「詩聖」。

古之立大事者，不惟有超世之才，亦有堅韌不拔之志。

幹大事，要能經磨難，吃大苦。吃不了大苦，就幹不成大事。

磨難是一塊石頭，對意志薄弱的人來說，它是絆腳石，會讓你止步不前；對意志堅強的人來，它是墊腳石，會使你站得更高，看得更遠。

「不幸是人生最好的老師」，「吃一塹，長一智」。只有經過暴風驟雨的洗禮，大風大浪的考驗，人的知識閱歷才會更加豐富，才能使自己走向成熟，人生才會顯得波瀾壯闊。

「志不強者智不達。」墨子的這句話說得多好。

說「慎」

墨子說：現在士人處世，還不如商人用錢謹慎。商人用錢去買東西，不敢隨便買，必定要選擇好的才買。現在士人處世卻不是這樣，為所欲為，想做什麼就做什麼，嚴重的被刑罰，輕的遭非議羞辱，可見士人處世不如商人用錢那麼謹慎。

商人買布，十分謹慎；士人處世，卻為所欲為。墨子對士人這種處世態度，提出了批評。

某四星級賓館裡燈火輝煌，裝飾考究，進出的賓客西裝革履，風度翩翩。電梯徐徐落下，裡面走出來一位小夥子。只見其下身著名牌長褲，上身赫然赤裸，手提襯衣，脖子上小拇指粗的項鏈，在燈光照射下，閃著刺眼的光芒。眾人睽睽注視之下，小夥子旁若無人步出大廳。

這位小夥子，儼然大款的派頭，口袋裡的錢大概也不少。但他不知道，世界上還有比金錢更寶貴的東西。這就是做人的謹慎與尊嚴。

商人做生意，唯謹慎從事，是因為他知道不謹慎，生意就有可能虧本，經濟上就會受到損失。而做人須謹慎，否則其損失可能會更大。箇中道理，卻不是每個人都能明白。

朱熹曾要求他的學生：

「平日操持，莊敬誠實，涵養內心，戒矜躁，去嗜欲。」

這，就是告誡人們處世要謹慎。

關於處世謹慎，孔子的學生曾參曾有一句名言：

「吾日三省吾身，爲人謀而不忠乎？與朋友交而不信乎？傳不習乎？」

我每天拿三件事情來反省自己，替人家做事有沒有盡心盡力？與朋友交往有沒有謹守諾言？老師傳授的功課，有沒有再三溫習？

爲人謹慎，大到人格意志，小到待人接物。但謹慎不是唯唯諾諾，縮手縮腳；也不是謹小慎微，優柔寡斷。

謹愼是爲人處世的態度，是外柔內剛的人格力量。

修身七法

墨家關於修身養性，有許多論述。綜合概括，約有七法。

一曰克己內省。墨子說，統治天下講究悅近而來遠，君子處世也應該修己以悅衆。中華民族一向以謙虛、嚴謹、含蓄著稱於世，十分講求道德規範和自我修養。孔子說：「內省不疚，夫何憂何懼」。墨子則要求他的學生，時時內省自己，嚴格要求自己。他說：「見不修行，見毀」。即看到別人沒有修養，不要譏笑別人，也不要對別人有怨氣。而是要反躬自省，對照檢查自己，這樣人們的怨毀情緒就會減少。墨家強調克己內省，並不是要人放棄鬥爭。墨家就是一個行俠仗義、很有正義感、很有鬥爭精神的團體。因此，克己內省並不是一味內省謙讓，失去原則。對於不良現象，對於壞人壞事，當年的墨子就是挺身而出，捨生取義。

二曰存善防邪。「譖慝之言，無入之耳；批訐之聲，無出之口；殺傷人之孩，無存之心。」墨子這段話，意思是不聽詆毀誹謗之言，不說攻擊別人的話，不生絲毫殘害別人的心理。口不出惡言，耳不入惡聲，心不存邪念，心思清明，修身也就會自然而然達到。中國有句俗語：「害人之心不可有，防人之心不可無。」對人要心存善念，友好和睦；但是對於有不良圖謀的人，要有防範的心理準備，必要時給犯我之敵以堅決回擊。不僅存善防邪，而且還要以正壓邪。

三曰義予義取。墨家認爲君子應該「貧則見廉，富則見義，生則見愛，死則見思」。處貧有節操，不貪他人之物；居富有愛心，能分財以濟貧。君子愛財，取之有道。自己得到的，應當正當地去得到，不貪不賄。不屬於自己的不取，見貧而應該相幫。窮而有志，富而能仁。大丈夫做事，堂堂正正，這就是墨家追求的「義予義取」。

四曰持中守常。墨家認爲「藏於心者無以竭愛，動於身者無以竭恭，出於口者無以竭馴」。這就是說，愛不要過於藏於心底，行爲舉止不要過於恭讓，言語不要過於謙遜。墨家這段話，說得很有道理。因爲無論什麼事，都有一個度，一旦超過了這個度，過了頭，就會難以持久。爲人要始終保持一顆平常心，做事要持之以恆。只有這樣，才能夠心有常愛，行有常謙，言有常雅。持中，才能守常。

五曰愼交擇友。近朱者赤，近墨者黑。朋友對個人的品德修養，有著很大的影響作用。所以，在交朋友時，應該謹愼，有所選擇。那麼應該交什麼樣的朋友呢？墨子認爲「據財不能以分人者，不足與友；守道不篤，偏物不博，辨是非不察者，不足與遊」。據財不能分人，說明這個人很貪婪，對利看得太重；「守道不篤，偏物不博，辨是非不察」，說明這個人做事不能持之以恆，立場不堅定，知識缺乏，是非不分。這樣的人是不能交朋友的。

六曰謙虛求實。爲人要謙虛實在，不要過分追求名譽、地位。墨家認爲「行不信者，名必耗，名不徒生，而譽不自長，功成名遂」。這就是說，做事要實實在在，功到自然成，而不可沽名釣譽，欺世盜名。「慧者心辨而繁說；多力而不伐功，此以名譽揚天下。」誇誇其談，而不去實行，說得再動聽，也沒有人聽；雖有功，而自吹自擂，再有本事也無人信服。聰明人懂得這個道理，所以不繁言絮語，讓事實說話。有功勞而謹愼謙遜，反而能名揚天下。

七曰樸質無華。墨者追求樸實，推崇質樸，認爲「言無務爲多而務爲智，無務爲文而務爲察」。言不在多，在於睿智，文章不要華麗，但要有眞知灼見。就內容和形式而言，墨家重內容而輕形式；就行動與言語來說，墨家重行動而輕言語。墨者最反對華而無實的空談，主張實幹，提倡不計利害，以身戴行。如果一味追求名利，就不足爲「天下之士」了。

以上七法，皆取自於《墨子．修身》一章。在這一章裡，墨家從修身過程中的性體心志、言談舉止、功利得失、風格氣質等等，作了精闢獨到的論述，可以說是中國最早的一篇關於修身的專論。歷史上，許多學者對於墨家的修身理論，給予了很高的評價。莊子稱之爲「以繩墨自矯，而備世之急」。張純一曰：「〈修身〉全篇，實治國平天下之大本。」又說：「墨家教士，首重修身，誠兼天下之常經也。」今天，我們重溫墨家關於修身理論，可以從中得到許多有益的東西。

三、人生如戰場

君子無鬥

魯迅的歷史小說《非攻》，有一段這樣的描寫：

子夏的徒弟公孫高來找墨子，已經好幾回了，總是不在家，見不著。大約是第四回或者第五回罷。這才恰巧在門中遇見，因為公孫高剛一到，墨子也適值回家來。他們一同走進屋子裡。

公孫高辭讓了一通之後，眼睛看著席子的破洞，和氣地問道：

「先生是主張非戰的？」

「不錯！」墨子說。

「那麼，君子就不鬥嗎？」

「是的！」墨子說。

「豬狗尚且要鬥，何況人……」

「唉唉，你們儒者，說話稱著堯舜，做事卻要學豬狗，可憐，可憐！」

墨子說著，站了起來，匆匆的跑到廚下去了，一面說：「你不懂我的意思……」

魯迅先生這段對話描寫，素材就取自《墨子．耕柱》中的一段文字：

子夏子徒問於墨子曰：「君子有鬥乎？」

子墨子曰：「君子無鬥。」

子夏子曰：「狗豨猶有鬥，惡有士而無鬥矣？」

子墨子曰：「傷矣哉！言則稱於湯文，行則譬於豨，傷矣哉！」

墨子認為，君子之間，如果對事物有不同的看法，不應該互相敵視、仇恨，而應該加強溝通與理解。沒有道理的，要服從有道理的；知識欠缺的，要向知識豐富的人學習。大家相互交流，和睦共處，不應該有什麼爭鬥。

生活中往往會有這樣的事，為了一件無關宏旨的小事，兩人爭得不可開交，先是爭，後是罵，最後老拳相向，大打出手，甚至鬧出人命。等到當事人清醒過來，悔之晚矣。「君子無鬥」，實在應該成爲我們人際交往中牢記的一句格言。

墨家主張「兼愛」、「非攻」，強調「君子無鬥」。但是，對於非正義的暴力，墨子則是主張以牙還牙，用暴力制止，不能含糊。「君子無鬥」，是指君子與君子之間要和平共處，在君子遇到暴徒的時候，就要堅決鬥爭，不要手軟。墨子是這樣說的，也是這樣去做的。當他聽到楚國要攻打宋國的消息後，一面親自前往楚國，說服楚王；一面讓弟子們拿著守城的武器，嚴陣以待。一旦楚王不聽勸阻，就準備給楚軍迎頭痛擊。

「君子無鬥」，是墨子給我們描繪的一幅人際之間交往的美好藍圖。讓我們都來做君子，都來做和平的使者！

進一步驚濤駭浪，退一步海闊天高。多一份理解，少一份猜疑；多一份謙讓，少一份驕橫。這個世界該會是多麼美好。

不尚空談貴實幹

墨家認爲，只有道德高尚、學識淵博、善於表達、能說會道的人，才能稱爲賢良。

賢良的標準，除了德才兼備之外，又專門強調了口頭表達能力。

墨家強調口頭表達能力，這是那個時代對於人才的特別要求。春秋戰國時期，各國政治家爲了遊說各國，推行自己的學說，必須能說會道、能言善辯，這是那個時代對於政治家的特殊要求。

墨家主張「辯乎言談，博乎道術」的同時，又說：光說而行動遲緩，即使巧於言辭，也不會讓人相信。重要的是行動。

墨子平生「最貴實行而不尙空言」，主張少講空話，多辦實事，言行一致，他認爲言而不行是「蕩口」。墨子的一個學生學成之後，爲了推行墨家的「義」，毅然奔赴沙場，最後「戰而死」，他認爲這才是好學生。

有一次，學生子禽請教墨子：「多言有沒有好處？」

墨子回答說：「水塘邊上的青蛙，空中飛著的蚊蟲，日夜鳴叫不止，人們並不在意。你再看那司晨的雄雞，每天黎明前的一聲啼叫，天下爲之振動。」

「多言無益，唯其言之時也。」

墨子這樣回答了他的學生。

墨家反對「多言」，提倡：

謹其言，慎其行。

貴實行而不尚空言。

孔子也曾經說過：「君子欲訥於言，而敏於行。」應該「敏於事而慎於言」。認為「巧言令色，鮮矣仁」。在反對「多言」、主張務實這一點上，兩位大家的觀點是一致的。

歷史上，巧言令色、誇誇其談，最後誤人誤國的例子可以舉出很多。

趙國軍事家趙奢的兒子趙括，論起軍事來，高談闊論，頭頭是道，其父不是他的對手。但長平一戰，被白起戰敗，趙國的士兵被活埋四十餘萬，演出了歷史上的大悲劇。

南宋大將韓侂胄軍權在握，不可一世，分析起形勢來，有聲有色。可是肚裡並沒有多少東西，言過其實，結果吃了大敗仗，南宋的江山就敗在他手裡。

「不尚空談」，就是要多幹實事，反對華而不實，坐而論道。

某大學歷史系為了改善教學條件，為教師弄點獎金，千方百計想開源之道。文科搞開源，比起理工科當然就要困難一些。學年之初，系裡召集老師開會，商討生財之道。討論來，討論去，主意倒是不少，就是沒有人去幹。第二個學年開始了，系裡又召集老師開會，商討開源之事，大家又發表了不少意見，可還是沒有人帶頭去幹。就這樣，其他系開源搞得紅紅火火，歷史系的老師們仍坐在那裡討論開源之道。這就是「務言而緩行」。

坐而論道，誇誇其談，永遠辦不成事情。

語言的巨人，行動的侏儒，到頭來只能是一事無成。

有事快快做，空談誤事，空談誤人。「務言而緩行」，勢必會重蹈趙括、韓侂胄之覆轍。

修身七戒

墨家注重道德修養，講求立身之道。墨子說：做一個正人君子，要想實現自己的仁義事業，首先就要修養自己的身心。如果只想實現仁義，而自己卻不修養身心，如同要建造一面牆，卻反對用磚一塊塊往上砌一樣，那是根本不可能的。

墨子在〈修身〉一篇中論及修養，強調必須注意七戒。

一戒「志不強」。志，即意志。墨家十分強調意志的磨練，認為意志堅強是做人的根本。他們以苦為樂，穿著短褐之衣，吃著「藜藿之羹」，為天下正義事業奔走，沒有半句怨言。「摩頂放踵，利天下為之」，這可以說是墨家的精華。墨家不僅認為意志堅強是做人的根本，也是智慧的源泉，墨子說：「志不強者智不達」，意思是說，沒有堅強的意志，就不會有大智慧，就幹不出大事情。

二戒「言不信」。墨家認爲，爲人應該言而有信，「言不信則行不果」，這與儒家的觀點是一致的。墨子曾對跟他辯論的告子說：「口言之，身必行之。今子口言之而身不行，是子之身亂也。」指出對方言行不一，是道德混亂的表現，認爲做人應該「言必信，行必果，使言行之合，猶合符節也，無言而不行也」。指出「君子以身戴行」，言行不一的人，最後必然敗壞。

三戒「據財不能以分人」。墨家很富有急人所難、見義勇爲的俠義精神，《顏氏家訓》中說：「墨家之徒，專務救人」。墨子本人就被人稱爲「大俠」，他有著俠肝義膽，認爲道德高尚的人，應該「貧則見廉，富則見義」。財爲身外之物，要能夠仗義疏財，幫助那些窮困的人，而不要貪吝據財，做守財奴。

四戒「守道不篤」。守道不篤，就是做事不能專心致志，不能爲自己的信仰和追求畢生奮鬥。墨子說：「事無終始，無務多業」。意思是如果做一件事情有始無終，就談不上再去做其他的事情了。守道不篤，究其原因可能是多方面的，有的是三心二意，不能終一而求；有的是缺乏吃苦精神，見難而退；有的則是這山望著那山高，見異思遷，等等。墨家認爲，追求道義，要有忍辱負重、自強不息的精神。他們不僅這樣說，也用自己的行動在證明。認準目標，堅定不移地走下去，不達目的，誓不罷休。

五戒「遍物不博」。知識缺乏，閱歷不豐富，就是「遍物不博」。墨家認爲「舉物而暗，無務博聞」。意即拿起手邊的物品，如果弄不清楚它是什麼，就談不上什麼廣聞博見了。要克服「遍物不博」，就要多讀書，多學習；就要在大風大浪中去鍛鍊，在社會實踐中去豐富人生，增添智慧。有了大智，才會有大勇。知識閱歷豐富，在道德情操上才會有所提高。

六戒「辨是非不察」。做人如果是非不辨，黑白不分，是十分危險的。「是故先王之治天下也，必察邇來遠。君子察邇而邇修者也。」墨子說，治理天下，一定要明察左右並招徠遠方的賢才。君子能明察左右，對照比較，自己的品行也會得到提高。

七戒「思利忘名」。名就是個人的聲譽名望。爲了達到某種目的，而置自己的名節於不顧，這就是「思利忘名」。墨家十分注重「名」，《墨子》裡，多次談及「名」：「名不可簡而成也」，「名不徒生而譽不自長」，「其友皆好仁義，淳謹畏令，則家日益，身日安，名日榮。」墨家認爲，大丈夫建功立業，就是爲了名。「名」與「利」之間，應該取「名」捨「利」。不能見利忘名，更不能思利忘名。爲了保全名節，「名成後事」，就得加強自身的道德修養。

墨家從七個方面，告誡人們個人品質修養需要注意的問題。有志者，應該引以爲戒。

強不欺弱

物競天擇，適者生存。弱肉強食，以大欺小。這是自然界的運行法則。人爲萬物之靈，畢竟不同於自然界的其他生物。人有理性，有智慧。大幫小，強扶弱，救人於危難，這是做人應該具備的基本素質和道德。

春秋戰國之際，群雄並起，諸侯爭霸，大國吞併小國，強國欺負弱國，無休止的戰爭，給人民帶來深重的災難。墨子長期生活在中下層人民中間，瞭解人民大衆的疾苦，所以他一貫主張和平與平等，反對以強凌弱。

墨子認爲，在國與國的交往中，處在大國地位而不去攻打小國，處在大家地位而不去奪取小家，強大不侵略弱小，高貴不輕視貧賤，人多不欺侮人少，智巧不欺侮愚憨，這樣，就會上對天有利，中對鬼神有利，下對人民有利，有了這「三利」，就萬事有利。

烏龜與兔子賽跑，烏龜是弱者，兔子是強者。比賽結果，烏龜跑贏了兔子。不要以爲這是寓言故事，現實中這樣的例子多得很。

成敗不以強弱論。誰掌握了眞理，誰就會贏得勝利。

人際之間的交往，道理也是一樣。

強與弱，只是相對的。強可能會變成弱，弱也有可能成為強。韓信當年受胯下之辱，是個令人同情的弱者。但十幾年後，卻一躍成爲赫赫有名的大將軍。後來的韓信大約忘記了他的童年，恃強傲物，忘乎所以，劉邦危難之際，他竟要稱王，最後落得個身首兩地的結局。

人，不論貧富強弱，男女老少，在人格上都是平等的。弱者更需要強者的同情與幫助。以大欺小，以強淩弱，以富壓貧，是會受到懲罰的。

四、反對儒說

向命運挑戰

命運是什麼？

人的生、老、病、死、榮、辱、禍、福，等等一切，是由誰決定的？

爲什麼有人坐轎，有人抬轎；有人食必雞鴨魚肉，穿必綾羅綢緞，有人饑不果腹，衣不蔽體？

難道這一切，都是由冥冥之中的命運安排的嗎？

儒家回答是肯定的。

孔子說：

「死生有命，富貴在天。」

又說：

「道之將行也與，命也；道之將廢也與，命也。」

針對儒家的命運觀，墨家表示反對。墨子在〈非儒〉篇中指出：儒家堅持有命的主張，還辯解說：「長壽與短壽，貧窮與富貴，安危治亂，自有天命，不能增減。困頓與顯達，受賞與遭罰，幸與不幸，都有定數，不是人的智慧和力量所能改變的。」這些話，如果官吏們聽了，就會怠慢自己的工作；老百姓聽了，就會懶於耕作。官吏們怠慢了工作，就會出亂子；老百姓不耕作，耽誤了農事，就會更加貧窮。老百姓貧窮，社會出亂子，國家就有滅亡的危險。儒家推行的天命觀，實是在殘害天下的人。

墨子出身貧寒，但他不怨天，不怨命，由一個普普通通的工匠，發憤自強，終於成爲一代大學者。他用自己的成長經歷，告訴人們，命運掌握在自己手裡，命運永遠垂青於生活的強者。

墨子曾給學生作過一次〈非命〉的專題演講，他說：

強必治，不強必亂；強必寧，不強必危。

強必貴，不強必賤；強必榮，不強必辱。

強必富，不強必貧；強必暖，不強必寒。

執「有命」者之言，不可不非，此天下之大害也。

認爲只有經過自己不懈的努力，才能富貴顯達，才能幹出一番事業。主張「有命」，是天下的大害，必須反對。

墨子的學生，多來自社會下層，他們沒有政治背景，也沒有高貴的血統，有的只是吃苦耐勞的精神。在老師的諄諄教導下，他們頑強奮鬥，幹出了各自的事業。如禽滑釐、高石子高何等等，都是當時聞名遐邇的人物。

意志堅強的人，能夠扼住命運的喉嚨，在困境中崛起，在失敗中找回勝利，在跌倒的地方，再次站立起來。

意志薄弱的人，遭受失敗便會一蹶不振，他們常常自歎命不如人，這其實是在爲消極懶惰尋找藉口。

如果說眞有「命運」，那麼這個「命運」就掌握在自己手裡。

強必貴，強必榮，勇敢地迎接命運的挑戰，用自己的雙手去創造輝煌的明天。

君子如鐘？

公孟子是儒家忠實的信徒，有一次，他與墨子討論應該如何做君子。

公孟子說：「君子應該像鐘一樣。」

墨子問：「此話怎講？」

公孟子回答道：「君子應該拱手以待，問則說，不問則不說。就像鐘一樣，敲則鳴，不敲則不鳴。」

墨子反對此說。他認為有三種情況必須說明：

第一，王公大人們荒淫暴虐，國家已陷入深深的災難之中，其危機如箭在弦上，一觸即發，而王公大人們仍我行我素。這時，君子就要站出來，指出危機，勸諫君王。如果像鐘一樣，敲則鳴，不敲則不鳴，豈不是要故意亡種亡國嗎！

第二，如果國君將要發動不義戰爭，以大欺小，以強食弱，眼看眞理遭到強暴，老百姓將血流成河，君子怎麼能視而不見，聽而不聞呢？一定要站出來加以勸阻制止，而絕不能像你所說君子如鐘，敲則鳴，不敲則不鳴。

第三，謙虛謹慎是做人的美德。君子應含而不露，露而不驕，如同鐘一樣待時而鳴，響徹四方。

「以上三點，你只說對了一點，所以我不同意你的觀點。」墨子微笑著結束了討論。

墨子所言，正是他本人實踐的概括總結。

齊國將要攻打魯國，在戰爭即將爆發之時，墨子挺身而出，親赴齊國。面對磨刀霍霍、殺氣騰騰的齊王，墨子力舉戰爭禍害，警告齊王，發動不義戰爭必沒有好下場。迫使齊王放棄了當初的主張。

公輸般為楚王製造了攻城的雲梯，楚國將用以攻打宋國，且志在必得。千里迢迢之外的墨子聽說後，義無反顧，日夜兼程，趕往楚國。經過一場鬥智鬥勇，終於說服了楚王。

如果用公孟子「君子如鐘」的觀點來看這件事，墨子真是多管閒事，楚國要攻打宋國就讓它去打，與你又有何干，何苦步行十天十夜，跑到楚國去制止這場戰爭。弄得不好，命都要丟到那裡呢！

「君子如鐘」的論點是不值一駁的。

有人掉進了河裡，是「君子如鐘」，還是脫掉衣服下河救人？

罪犯在街頭行兇，是「君子如鐘」，還是挺身而出？

人類社會不能沒有正義，正義被踐踏，善良的人就會遭殃。

正義靠人來主持，靠正氣來維護，甚至要用鮮血來捍衛。不能像公孟子所說，君子如鐘，敲則鳴，不敲則不鳴。

勝不逐奔？

與「君子如鐘」相類似，儒家還提出了「君子勝不逐奔」。

意思是，君子打了勝仗，不應該追趕敗逃的敵人。

儒家對這種觀點進一步解釋說：不僅不要去追趕敵人，而且還要掩埋陷阱，不再射擊，並且幫助對方推起掉進溝裡的輜重車輛，讓他們趕快逃走。

對這種滑稽可笑的觀點，墨家予以駁斥：

如果交戰的雙方都是講仁義的人，就沒有相互對抗的理由。君子仁，人們可以把是非曲直彼此相告，沒有道理的聽從有道理的，錯誤服從眞理，還有什麼相爭的呢？

如果雙方都是殘暴之人，相互爭鬥，戰勝的一方不追敗逃的一方，掩好陷阱不再射擊，敵方潰逃時還去幫他推車。即使是這樣做了，那殘暴的人也不可能成爲仁人君子。

如果聖人爲了替民除害，討伐殘暴的人，而打了勝仗以後，又不乘勝追擊，還幫助敵人推車，這樣做，暴虐之人就會得以活命，天下的禍害就沒有除掉，這是危害世人的最大行爲，天下沒有比這更不義的了。這樣的人，就不能稱爲仁人君子。

這段話，對「君子勝不逐奔」的論調，進行了入木三分的批駁。是仁人君子，有事好商量，有問題坐下來談，和平相處，不應該兵戎相見。對殘暴之徒，就應該舉起正義之劍，窮追猛打。心慈手軟，姑息養奸，只會帶來禍患無窮。

說到「君子勝不逐奔」，我們會想到「農夫與蛇」、「東郭先生與狼」。農夫憐憫就要凍死的蛇，最後死於毒蛇之口。東郭先生好心救狼，差點成了狼的美味佳肴。

不要以爲這是虛構的故事。春秋時期的宋襄公，就做過這種糊塗可笑的事情。宋、楚兩國的軍隊在泓水邊作戰，宋軍已列成陣勢，楚軍還沒有完全過河。大將公子目夷對宋襄公說：「楚軍正在渡河，這是殲敵的好機會，請趕快出兵！」

宋襄公指著軍中「仁義」大旗，回答說：「不行，敵軍沒有準備好，這樣進攻是不仁義的。」

楚軍過河後，軍隊亂烘烘的，還沒有列成陣勢，公子目夷催促宋王趕快進攻，又遭到了拒絕。

楚軍列好陣勢，一聲令下，如潮水般向宋軍攻來，將宋軍打得大敗。潰逃之中，宋襄公腿部中箭，差點丟了性命。那面「仁義」的大旗也成了楚軍的戰利品。

「以其人之道，還治其人之身。」魯迅據此發揮，寫成《論「費厄潑賴」應該緩行》，主張痛打落水狗。因爲寬容狗性，就會被狗咬。

歷史上，漢代的清流、明代的東林，都是因爲宦官的反撲，才造成「黨錮之禍」，志士仁人慘遭殺害。

「世上值得可憐的東西太多。就是病菌，也只不過是一介小小微生物，然而醫生卻絕不放過它。」魯迅先生如是說。

敵不可縱，縱敵患生。一日縱敵，數世之患。

「偷生」與「求義」

孔子被人圍困在陳、蔡之間，沒有飯吃，只得用野菜做湯充饑。十天過去了，孔子一行又冷又餓，狼狽不堪。學生子路弄來了一頭小豬，做好了送給孔子吃。孔子也不問豬從何而來，埋頭就吃。子路用搶來的衣服換酒，送給孔子喝，孔子也不問酒從何而來，端起來就喝。

後來，孔子到魯國，被魯哀公奉爲貴賓，用很高級的酒宴招待他。也許是工作人員粗心，席間的座位沒有擺正，孔子拒不落座。吃菜的時候，有一塊肉割得不方正，孔子拒不食用。

子路見狀十分奇怪，便問孔子：「老師您怎麼跟在陳、蔡時的做法不一樣呀？」

孔子把子路叫到跟前，悄悄對他說：「從前我們是苟且偷生，現在我們要急於求義。」

饑餓困頓之時，禮義就被拋到九霄雲外；酒足飯飽之後，便正襟危坐，大談禮義。墨子瞧不起儒家這種虛僞的做法，他說饑餓困逼的時候，不惜妄取以求生存。在飽食有餘的時候，又用虛僞的行爲來爲自己粉飾。其卑鄙欺詐，沒有比這更甚！

墨子的指責是無可厚非的。

君子殺生取義，不能苟且偷生。大丈夫在任何時候，都要寧死不屈，寧折不彎。寧可站著死，不能跪著生。

信仰與追求，是人的靈魂。面對劊子手的屠刀，瞿秋白談笑自如，這才是做人的高貴品質。在日軍的槍彈底下，周作人附逆投敵，留下的就不僅僅只是遺憾。

酒宴上大談「禮義」，誰都可以。在刑場上坦坦蕩蕩，放聲高歌，卻不是每個人都能夠的。

孔夫子被尊稱爲聖人，聖人有時也會做出不那麼「神聖」的事情。

行不在服

一天，公孟子頭戴禮帽，腰間插著笏板，穿著寬大的儒服來見墨子。他問墨子：「君子是要穿戴一定的服飾才有好的道德情操，才有所作爲呢？還是要具有好的道德情操，有所作爲，然後才穿戴一定的服飾？」

墨子回答說：

「行不在服。」

意思是，一個人的道德操行與他穿的服飾並沒有什麼必然聯繫。也就是說，一個人有所作爲並不在乎他穿什麼衣戴什麼帽。

公孟子又問：「你怎麼知道『行不在服』呢？」

墨子舉例說：「以前齊桓公戴著高帽子，腰裡繫著大帶子，佩掛金劍。晉文公穿著粗布衣服，披著羊皮大衣，一把劍插在牛皮帶子上。楚莊王戴著鮮冠，冠上繫著絲帶，穿著大衣大袍。越王句踐剪掉頭髮，身上還刺著字。這四位國君雖然服飾不同，但他們都能把國家治理好。由此可見，道德操行與穿戴並沒有什麼關係。有所作爲並不在乎服飾。」

公孟子說：「您說得很好。我聽說停止行善的人不吉祥，讓我回去丟掉笏板，脫下禮帽，再來見您，可以嗎？」

墨子說：「就這樣相見有什麼關係呢，如果一定要回去換下您現在穿戴的服飾，那不就說明道德操行與服飾仍有關係嗎？」

這一段對話說明，在道德操行與穿戴服飾的關係問題上，墨子與公孟子存在著不同的觀點。公孟子認爲，只有穿戴好，才能說明這個人道德情操高，說明這個人有作爲、有能耐。如果穿戴不好，就說明這個人沒有高尙的道德情操，說明這個人無所作爲。而墨子認爲，一個人的道德高尙與否，是否有所作爲，與他的穿戴沒有必然聯繫。齊桓公、晉文公、句踐、楚莊王這四個人都是歷史上有作爲的君王，他們穿戴不同，同樣都能把國家治理好，成爲當時的一代霸主。

公孟子與墨子的兩種觀點，其實代表著儒墨兩家不同的思維方式。

墨家重視道德修養的實質，認爲人的道德修養是內在的，華麗或簡樸的服飾不代表人的操行和作爲。而儒家則注重人的服飾外表，認爲不同的外表表現人的才幹和品行。

「行不在服」，今天對於我們，仍然具有十分普遍的指導意義。

曾幾何時，衣著打扮成爲衡量人革命與否的重要標準。穿工裝、中山服就是無產階級，穿西服、旗袍就是資產階級。誰要是想把自己打扮得漂亮一點，誰就有可能成爲小資產階級的典型。爲了爭當無產階級，與資產階級劃清界限，全國上下清一色的灰藍。革命革到了服裝上。

好在那個年代已經過去。再來看我們今天的社會，服飾穿著可以說是五光十色，爭奇鬥豔。這說明人們的生活過好了，人們的觀念也變了。再也不會以服飾的簡樸與華麗作爲衡量人的思想高尚與否的尺度。

但是，現在又出現了另外一種傾向，這就是以衣著服飾待人。到商店買東西，顧客打扮入時，服務小姐就會殷勤備至，百問不煩，千挑不厭。如果鄉下人來購物，就會白眼相待，三言兩語，打發走了事。這種以衣著服飾待人的現象，經常見諸報紙，可以稱之爲一種不良的社會病。

「行不在服」告訴人們，道德情操的高尚與否，不在於服飾的高貴華麗或者是簡樸自然，但並不是說人就可以不修邊幅。服飾是一種無聲的語言，它可以介紹出你的身分職業，表明你的文化素質和審美情趣。在一定的環境裡，一定的服飾可以使本來樸實無華的你，閃爍出耀眼的光芒。它會給人帶來愉悅，會讓人產生信任與好感。

一位老廠長十分苦惱地對電台節目主持人說，他喜歡樸實，平時衣著也很儉樸。但是在與人洽談案子時，總覺得別人在以衣帽取人，瞧不起他。他也不願意改變自己的形象。特別是有一次，他到一家大飯店看望一位老朋友。當他穿著工裝走進大廳，就發現人們的眼光齊刷刷地朝他射來，如芒刺在背，那股即將與老朋友會面的高興勁兒，隨即煙消雲散。爲此，他疑惑不解。電台節目主持人勸慰他說：「以衣帽取人是不對的，但是人的衣著應該與環境相適應。特別是在社交場合，整潔漂亮的衣著，既是對別人的尊重，也是對自己的尊重。」

這位節目主持人說得很有道理。

【教育術略】

墨子是一位偉大的思想家，也是一位偉大的教育家。

墨家的教育理論有很多，關於學習的形式與內容，關於教與學的關係，關於如何認識事物的現象與本質等等，都有許多深刻而獨到的見解。這些理論，仍不失爲我們今天學習和借鑒的寶貴財富。

一、知識就是力量

書中自有顏如玉

老師問學生：「學習和遊玩，喜歡哪個？」

學生回答：「當然喜歡遊玩。」

老師又問：「爲什麼喜歡遊玩？」

學生回答：「因爲學習辛苦，遊玩快樂。」

秉燭夜讀，皓首窮經，讀書的確辛苦。正因如此，老師在傳授知識的同時，時時提醒學生，不能鬆懈學習。

教書育人，墨子堪稱楷模。

墨子常常教育學生們要認眞對待學習，強調讀書的重要，督促弟子們好好讀書。

一次，一個人來到墨子門下，墨子問他：「你在外邊東遊西逛，爲什麼不學習呢？」

那人回答：「我家族裡的人都沒有學習，所以我也不想學習。」

墨子說：「不對，愛美的人難道會說因爲我家族裡的人沒有誰愛美，所以我也不愛美？想富貴的人，難道會說因爲我家族裡的人沒有誰富貴，所以我也不想富貴嗎？愛美的人、想富貴的人，用不著看別人行事，仍然追求自己所想要得到的。」

墨子在這裡，不客氣地批評了那些浪費光陰、不好好讀書學習的人。

人，有各自不同的追求。有人追求財富，有人追求美色，有人追求知識。人的追求不同，所付出的不同，所得到的也不一樣。

有人窮其一生爲的是財富，可是當他擁有萬貫家產時，他會忽然發現自己其實一無所有；

有人貪戀美色，可是沒有愛情的「欲望交易」，到頭來只會使人流於卑俗，甚至走向犯罪；

追求智慧與眞理的人，也許他們畢生貧窮，命運坎坷，但人們卻會永遠記住他們的名字。

高尙的人生目標是一個人一生的奮鬥內容，它是不會隨波逐流，爲世俗所左右的。

曾幾何時，「讀書無用論」氾濫。莘莘學子們放下手中的課本，追隨著滾滾洪流，大鬧革命。也有頭腦清醒者，沒有放下手中的書本，堅持著讀書學習。等到「文革」結束，國家恢復大學入學考試，人們如夢方醒。

認爲書中自有顏如玉，堅持學習者，昂首挺胸，跨進了大學校園；認爲讀書無用，放棄學習者，最終被歷史無情淘汰。這其中，不乏許多本應很有作爲的優秀人才。

「讀書無用論」葬送了一代人才。歷史教訓，時時告誡我們，不管何時何地，不管處於什麼樣的生活環境，不管從事什麼樣的工作，讀書學習，千萬不要放鬆。學習、學習、再學習。只有學進腦裡、裝進肚裡的知識，才是眞正屬於自己的。其他一切，都是身外之物。

「財發三代必垮，書讀三代必發」。流傳民間的這條古諺，的確很有道理。

服從真理

墨子與程繁辯論問題時，稱讚了孔子幾句。

程繁奇怪，馬上停止辯論，問墨子：「你不是反對儒家的嗎，怎麼又稱讚起孔子來了呢？」

墨子回答說：「這沒有什麼奇怪的，孔子也有正確的時候，他的話合乎自然法則，就應該加以稱讚。」

接著，墨子又舉了個例子：大地上天熱乾旱的時候，鳥兒就會往高處飛，魚兒就會往深水的地方游。就是大禹、商湯這樣的聖人來，也不能改變牠們的這一本性。魚和鳥應該說是最笨的了，但大禹、商湯在牠們面前，還得順其自然，我爲什麼不能稱讚孔子呢！

自然法則，不可違背。在客觀事實面前，尤其是在對手面前，承認自己的不足，需要寬闊的胸襟和自信。

儒家許多理論，墨家都不贊成，並且時時抨擊，加以反對。當年，墨子跟隨老師學習儒學，就是因爲不滿儒學中繁瑣的禮教，才另立門戶，獨創墨學。

墨子認爲儒學中有可學習稱道的地方，客觀地予以指出，這是十分明智的可貴之舉。尊重事實，讚頌別人，虛心向對手學習，說明自己充滿自信。不顧客觀事實，極力貶低對方，抓住一點，不及其餘，只能說明自己的虛弱和無能。

學術之爭，應該尊重事實。

在知識和眞理面前人人平等。

染坊裡的啟示

一天，墨子路過一家染坊，他看見染坊裡熱氣騰騰，工人們正在染鍋旁忙碌著，便停下腳步，參觀起來。墨子並不是在看熱鬧，而是從工人們的勞作中，受到了啟發。

回來後，墨子就對學生說：「我今天在染坊裡看到，潔白的絲放入青色的染水中，就變成了青色。再把這青色的絲放入黃色的染水中，就又變成了黃色。如果將這些絲五次放入不同的染水中，就會染成五種不同的顏色。其實，不單染絲如此，治理國家也是這個道理。國君雖然高高在上，統領著大臣；大臣們在下，接受國君的領導。但久而久之，大臣們的言行同樣也會使國君受到感染和影響。」

接著，墨子分析了歷史上舜、禹、湯、武王四位明君之所以英明，是因為舜受染於許由、伯陽；禹受染於皋陶、伯益；湯受染於伊尹、仲虺，武王受染於姜子牙、周公。「此四王者所染當，故王天下，立為天子，功名蔽天地。」

與此相反的是，夏桀受染於干辛、推哆，紂王受染於崇侯、惡來，厲王受染於厲公長父、榮夷終，幽王受染於傅公夷、蔡公穀。

「此四王者，所染不當，故國殘身死，爲天下謬。」

墨子在這裡，提出了一個很有意思的命題。這就是，作爲領導，指揮部下按照自己的意圖辦事。而部下的知識才學，人格力量也同時影響、感染上司。

領導對部下的左右、影響是顯而易見的。而部下對領導的感染、影響是在不知不覺中進行的，是潛移默化的。

部下的才學、品德影響、感染領導者，並不是一件壞事。作爲領導者，應該樂意接受。應該注意的是，領導用人要進行分析：部下的人格、品德、智慧，哪些可以彌補自己的不足，是值得自己學習的；哪些是應該引以爲戒，值得自己警醒的。

唐太宗是歷史上有名的善於納諫的皇帝。諫議大夫魏徵死後，他大哭一場，對人說：「我有三面鏡子：以銅爲鑒，可以正衣冠；以古爲鑒，可以知興替；以人爲鑒，可以明得失。現在魏徵已死，這面使我明得失的鏡子再也回不來了！」

唐太宗十分清楚魏徵這位忠心耿耿的大臣對他的感染、影響作用。儘管有時與魏徵鬧得不愉快，有一次甚至還想殺了魏徵以解心頭之恨。但他始終認爲，魏徵人才難得，用魏徵這面鏡子，時常照照自己，可以明白哪些該做，哪些不該做。正因爲唐太宗明白了這些道理，所以大唐王朝在他的統治下，出現了中國歷史上少有的太平盛世。

知識來自多方面。向老師學，向朋友、同事學，同時還要向下級學，向自己的學生學。

二、認知事物

七種知識

墨子把知識劃分爲七種。

《墨子．經上》裡說：知識分聞、說、親、名、實、合、爲等七種。

這七種，前面三種是講獲取知識的途徑，即：聞知、說知、親自。後面四種是講獲取知識的方法，即名知、實知、合知、爲知。

關於聞知，墨子解釋說：由人講授的知識是聞知。聞又有傳聞與親聞兩種；由人告之的叫傳聞，親耳聽到的叫親聞。

親知，就是由自己親身觀察和體驗得到的知識。

比如，我們從一個正在用煤燒水做飯的爐子上知道，煤可以燃燒，可以讓水沸騰，水沸騰後就變成了水蒸氣。煤燃燒後，就變成了煤渣。從這裡親眼得到的知識，就是親知。

說知，是由推論而得到知識。即通過已經懂得的，推論出未知。墨子解釋說：「不受地理方域的限制障礙，據已知，推未知，叫說知。」

某人親眼看見米蘭花開放後，花瓣的顏色是淺黃色。這叫親知；後來，另一個人告訴他說，桂花的顏色與米蘭的顏色相同。這就是聞知；由此，他推論出桂花的顏色是淺黃色的，這就是「說知」。

以上，是講獲取知識的途徑。

實知、名知、合知、爲知，是講獲取知識的方法。

舉個例子：小剛同學從一本課外讀本上，讀到在江河上修建電站大壩，有一座很重要的建築物叫「船閘」，這就是「名知」。即從閱讀中知道了「船閘」這個名稱。暑假到了，爸爸帶小剛遊覽三峽，當輪船經過葛洲壩電站時，小剛親眼看到了眞正的船閘，這就是「實知」。小剛將在書本上讀到關於介紹船閘的知識與眼前所見的船閘相對照，很快就弄懂了輪船進出船閘的原理，這就是「合知」。如果有可能，小剛長大後，參加建設三峽大壩，親自參與三峽大壩船閘的設計和建造，這就是「爲知」。爲，幹也。爲知，即實踐之知。

認識的來源，有兩種看法。一種認爲，認識是先天就有的；另一種認爲，認識是從學習、實踐中得到的。實踐、認識，再實踐、再認識，這是辯證唯物主義的認識觀。墨子將知識分爲七類，指出知識來源於親知、聞知、說知，強調實踐的作用。這，屬於樸素唯物主義。把實用作爲認識事物的出發點和最後歸宿，這是墨家知識論的一大特色。墨家由實踐到理論，再由理論到實踐的認識觀，無疑對後世有著極大的影響。

談辯・說書・從事

墨子千里迢迢從楚國回來後，他的學生治徒娛、縣子石來看望他。吃飯的時候，治徒娛向墨子請教：「什麼是實現理想的當務之急？」

墨子放下碗，指著遠處一個工地說：你看那個地方，正在蓋房子，工匠們各自都在忙著自己的活兒，測量的測量，打夯的打夯，築牆的築牆，最後房子就蓋成了。實現理想的事業，就如同蓋房子一樣，「能談辯者談辯，能說書者說書，能從事者從事」，這樣，理想的事業最後就能實現。

墨子所說的「談辯」、「說書」、「從事」，其實就是墨家界定的教育內容和科目。

「談辯」一科，是指學習談話辯論的技巧和方法。春秋戰國之際，要想成爲賢才，讓人們接受自己的政治主張，就必須有很好的演講口才和辯論能力。墨家對賢良之士的要求是必須

「厚乎德行，辯乎言談，博乎道術」。選人用人的標準，德放在第一位，能言善辯放在第二位，第三才是知識的廣博。「談辯」，目的就是培養當時社會需要的能言善辯的人才。

「說書」一科，是傳授文化知識，講解書本上的理論與知識。

「從事」一科，是指學習農、工、商等方面的實際技能，就相當於我們現在的職業技術學校，所設的學習科目與內容都是與生產實際掛鉤，目的是培養各種類型的專門實用人才。

用今天的觀點來理解，「談辯」有點類似公共關係這門學科，它要求人們學習一定的公關知識，掌握談辯技巧與公關能力。

「談辯」的實用性很強，小到人與人之間的交道，學生畢業後的求業尋職，公司企業的產品介紹；大到國與國之間的交往，搞好與各國之間的關係，爭取更廣泛的朋友，等等。「談辯」這門學科非常重要。以前，我們對這門學科重視不夠，隨著對外開放的不斷發展和社會主義市場經濟的實行與深化，「談辯」才逐漸被人們所認識。

從教育學的角度來理解，光「談辯」沒有真才實學，是華而不實，會流於空談。所以，「說書」是「談辯」的堅強後盾。有了「說書」，掌握了扎實的基本功和理論知識，「談辯」才能「談」到點子上，才能「談」得令人信服。

「從事」是墨家與其他各家教授門徒的最大區別。重視自然科學和應用技術，這是墨家教育的特色和優秀傳統。墨子本人就是一位了不起的科學家，他設計的防守武器，迫使楚王打消了進攻宋國的企圖。所以，墨家十分強調「從事」，強調動手能力的培養。這很符合現代教育理論。

讀書，不能讀死，讀書的目的在於學知識，在於用理論來指導實踐。學以致用，只有用得好、用得活，才能服務於社會，為社會作貢獻。

猜想．想像．知識

「挽起你的弓吧，向相反的方向各射出一支羽箭。當它們在飛行中相交的時候，世界就不是原來那個樣子了！」

這是古希臘神話中，智慧女神雅典娜的一段頗富哲理的話。

如果我們把知識和想像比做雅典娜所說的兩支羽箭，這兩支箭在飛越了遙遠的時間和遼闊的天空後，如今眞的在一點上相交了。

回頭看看十八世紀歐美的科幻小說，我們就會發現，人類的想像是多麼豐富：人可以脫離地球的引力，到月球上去旅行；人還可以潛入海底，自由自在地探覓珠寶。至於飛機、雷達、機器人，早已在人們手裡成為現實。

知識的積澱碰撞出想像的火花，想像的馳騁是科學的先驅。掌握一定的知識，然後展開想像的翅膀，最後讓想像成為現實。這似乎已成為認識論的規律。

早在兩千多年前，墨子對想像就有了精闢的闡述。他說：以為柱子是圓形的，但這個柱子是不是圓形的，並不知道。這個「以為」，只能是猜想、臆想、想像。

墨子對想像下了一個準確的定義：想像是根據已知，推論出未知，至於這個未知是否正確，還有待以後在實踐中求證。

兩百多年後的韓非子，對「想像」曾作過一次求證。他說，人們很少看到活著的大象，見到的只是大象的骨架，於是大家便憑藉死象的骨架，來臆想大象活著的樣子。「想像」一詞即源於此。後來人們就把臆想叫做想像。

想像來源於正確的知識，想像應該有所依據，不能沒有根據地胡思亂想。如果把木頭與黑夜相比較，把巨大的柱子想像成比一根秋草還輕，這種想像就是沒有依據的瞎想。

什麼是正確的知識，知識與想像有什麼區別？

墨子回答說：從客觀存在的事物中，引出正確判斷，就是正確的知識，對此不應懷疑。

墨子又說：對事物發展必然性的認識，是正確的知識，對此不應懷疑。

墨子還列舉了四種想像，並將其與知識作了對比：猜疑是在逢、循、遇、過中得到的疑惑不定的想像，這不能算是確定的知識。

關於逢、循、遇、過，他舉了幾個例子：

遇見正在忙於事務的人，就猜想他是管事的頭目；碰到正在搭蓋牛棚的人，就猜想他是為了讓牛過上一個涼快的夏天。這不是想像，只不過是偶然逢遇所引起的猜想。

用桔槔機提取重物，就像舉起一根羽毛那樣輕。這並不是你猜想的那個操縱桔槔的人力氣很大，而是桔槔機運用了槓桿的原理。木工用斧砍削木片，木屑紛紛落到地上，這也不是你猜想的那個木工有什麼很高超的技藝，而是因為木工循著木料的紋理砍削。這些，都是順勢循理引發的猜想。

遇到有人在打架鬥毆，就猜想他們是因為酒喝多了，在那裡借酒裝瘋。或者是因為在市場上買東西，因為交易不公引發爭執。這是碰巧遇見而引起的猜想。

頭一天，看見農夫挑著兩個布袋子，裡面裝著穀子，沉甸甸的。第二天，同樣是兩個布袋，裡面裝的是棉花，也以為與頭天的穀子一樣沉。因為有過的經驗，而引發的猜想，就是「過」。

關於「過」，墨子又進一步解釋道：過去如何，就以為現在還如何，這作為一種猜想還可以，但不能算作知識；

過去如何，現在可能如何，只能下一個或然判斷；

過去如何，現在就一定如何，這就是必然判斷，這個必然判斷是錯誤的。這就是墨子所說的：「過而以已爲然。」

猜想、想像是人們認識世界的手段，是在一定知識的基礎上進行的。它是依據過去和現在人們對事物的認識，提供的一種或然性判斷。這種判斷，不是確定的知識，而只能說它是走向知識的一個階梯，是認識事物的一個階段。這個認識也許是正確的，也許是不正確的，也許有一部分正確，有一部分不正確，它還需要人們在繼續認識、考察中加以修正、補充和充實。

應該正確認識猜想、想像與知識三者之間的關係，不能把猜想和想像當作確定的知識，那樣就有可能導致認識的謬誤。

三、學以致用

木鳥與車銷子

齊國的屈谷去見隱士田仲，他對田仲說：「我有一個大葫蘆，堅實如石，殼厚得連中間也長滿了，這個葫蘆送給先生一定很有用處。」

田仲接過葫蘆看了一會兒，回答道：「我想用葫蘆做水瓢，而這個葫蘆堅硬如石，怎麼能剖開呢？不能剖開，那就做一個酒葫蘆吧，可你這個葫蘆又厚得連中間都長滿了，酒也裝不進去。這麼好的大葫蘆，對我來說，實在是一點用處也沒有哇！」

一件物品，儘管有華麗的外表，但是它既不能給人用作裝飾，又不能帶來實際用途。這樣的物品，是不會有很高貴的價值，也不會受到人們歡迎。

學習知識同樣如此。

墨者教育，注重讀書育人、學以致用。墨學的一大特點，就是講求實用。

公輸般用木頭和竹片，精心製作了一隻鵲鳥，開動機關，鵲鳥能夠在天上飛行三天三夜。墨子聞之不以爲然，說這隻木鳥還不如馬車輪子上的木銷子。別看這個木銷子小，它能使馬車運載五十石的貨物。木鳥雖飛上天，卻沒有一點實際用途。

墨子當然不會認識到鵲鳥與日後飛機的關係，儘管他的認識難免有時代的局限性，但反對譁衆取寵，求實務實，強調知識的實用性，卻令人稱道。

墨子倡導的談辯、說書、從事，是實實在在的事情。要在事業上有所建樹，就要從這些實際工作做起。而墨學的教授內容，也正是圍繞著談辯、說書、從事這三項展開的。

有個叫朱評漫的，傾其家財，用了三年時間向人學習屠龍術，技藝學到了手，卻沒有龍供他屠宰。

學習知識，是爲了服務社會。像朱評漫空學屠龍術的人，大約不會再有。但學而不專，興趣所致，今天學這，明天學那，到頭來一無所成，還是大有人在的。

有所不為

幼稚園老師給小朋友講故事：

小貓跟老貓學釣魚。一隻蜻蜓飛過來了，小貓放下釣魚竿就去捉蜻蜓，蜻蜓飛走了。沒過一會兒，一隻蝴蝶飛過來了，小貓放下釣魚竿，又去捉蝴蝶，蝴蝶又飛走了。貓媽媽釣了不少魚，小貓一條魚也沒釣到。

老師問小朋友：「這個故事告訴我們什麼道理呢？」「做事不要三心二意。」小朋友們齊聲回答。

小朋友們的回答是正確的，應該給滿分。

其實這個故事還說明了另一個道理：有所爲，就要有所不爲。學抓蝴蝶、抓蜻蜓，並不是件壞事。但既然媽媽教釣魚，就應該先把釣魚的本領學到手。

一天，墨子的幾個學生跑來對墨子說：「我們想去學射箭，您看可不可以？」

墨子不加思索就回絕了學生。

接著，墨子又開導學生說：「聰明的人在做事之前，一定要衡量自己力是否能及，能夠做到的就去做，不能夠做到的就不要去做。武藝高超的人，在戰場上不能一邊與敵人作戰，一邊去扶受傷的士兵。況且你們，既想成學，又想成射，這是不可能的。」

也許是學生們想多學點技藝；也許是學生們覺得讀書太乏味，射箭很好玩，想換換口味；還有可能是學生們認為跟墨子學習墨學太苦，還不如去學射技，這樣更容易成名。不管何種原因，墨子的回答都是正確的。

一心不能二用。

一隻手不能同時抓兩條魚。

既學習一門知識，就要弄懂、弄透，真正學到手，不能半途而廢。要想有所為，就要有所不為。

指揮對樂隊中的小號演奏者說：「你是一個很不錯的音樂家，為什麼不調換一下，去彈鋼琴呢？」

他回答說：「等一等，我吹小號已經二十年了！對鋼琴我卻一竅不通呀。」

這位小號演奏者很明智，他知道自己的長處，懂得如何發揮特長，而沒有這山看到那山高，做出不切實際的事情。

心雄志壯，奮發向上，是人最為寶貴的優點。好高騖遠、脫離實際，卻又是年輕人很容易犯的毛病。

人的一生，精力有限，根據自身情況，「量其力所能致」，選好學習方向，心無旁騖，堅定不移走下去，成功就會在不遠的地方向你招手。

有所不爲，才能有所爲。學習知識也是如此。

重在教化

高何與縣子石原是齊國有名的「暴民」。兩人在鄉里橫行霸道，胡作非爲，誰要指責他們，必以死相拚。大夥對他倆十分痛恨，但敢怒不敢言，拿他們奈何不得。

兩人崇拜墨子的爲人和學問，便投到墨子門下，想拜墨子爲師。墨子收下了他們。

於是，高何和縣子石就跟著墨子，研修起墨學來。

墨子首先教他們要講「義」，要學會愛人。不僅愛自己，更重要的是要兼愛天下之人。還告訴他們，人光有勇是不夠的，還必須有智慧，講德行。

兩人跟著墨子耳濡目染，學而論道，慢慢改變了身上的惡習，知書懂禮，最後修成正果，成爲「天下名士顯人」。

在墨家隊伍裡，有不少類似高何、縣子石的人。通過學習教化，他們後來都成爲有用之人。

人的知識來源，不外乎三個途徑。一是父母的教育，二是跟著老師學習，三是環境影響。廣義的「知識」範疇，不僅是學習智慧，認識自然和社會，當然也包括做人必備的思想品德。

墨家反對華而無實、空而無用的教育內容，強調教育在改造人方面的作用，認爲通過向人們灌輸「義」，教育人們學習「義」，就能夠達到教育感化作用。他說：用仁義思想教育天下之人，其教化作用很大，爲什麼不多多宣揚呢？

墨子在教學生「智」的同時，更教學生以「德」。他注重教育的教化改造作用，教書育人，堪稱表率。透過高何和縣子石脫胎換骨的變化，我們可以看到墨子奇蹟般的教育力量。

《韓非子》裡記載了這麼一則寓言：

宋國的國君讓人修建一座練武用的宮室。

宋國有一個叫癸的歌手，有一副動聽的嗓子，有一次他到建築工地旁唱歌，唱著唱著，走路的人停下來聽他唱歌，建築宮室的工人忘記了疲勞。宋王聽說後，把癸叫進宮去，要對他進行賞賜。

癸對宋王說：「我的老師射稽唱得比我好。」

宋王很高興，又讓人把射稽叫來，請他唱歌。

可是這一次，走路的人不停步，築武宮的人感到疲勞。

宋王很不高興，認爲癸欺騙了他。

癸說：「請君王檢查兩人唱歌時工人的功效。」

檢查結果，癸唱歌時，工人築了四板牆；射稽唱歌時，工人築了八板牆。再檢查牆的牢固程度，癸唱歌時築的牆，鐵釬能戳進去五寸深；射稽唱歌時築的牆，鐵釬只能戳進去兩寸深。

這則寓言蘊含著深刻的道理。它告訴我們，認識事物，不僅要觀其形，更重要的是察其果。

墨家的教育理論，如同墨家其他理論一樣，去掉了華美俏麗的辭藻，實在、實用，能夠讓人從中直接受益。這一點，是當時諸子百家中少有的。

墨子的教育思想，重其對人的教化作用，他的教育理論，閃光的東西不多，但對人的教益卻是巨大的。

貴在實用

楚王與墨子的學生田鳩討論墨家理論。

楚王說：「墨子這個人，是個有名的學者。他的身體力行是好的，然而他的言論不動聽，這是為什麼呢？」

田鳩沒有正面回答楚王的問話，而是給他講了兩個故事。

從前，秦國君主秦伯將女兒嫁給晉國的公子，為了炫耀，陪嫁的妾有七十人。到了晉國，人們爭相來看陪嫁的妾，而看不起秦伯的女兒。這只能說是秦伯嫁妾，而不是嫁女兒。

楚人到鄭國去賣珍珠，他請人做了一個非常漂亮的匣子，用紅寶石裝飾，用綠翡翠點綴。結果，鄭人買去了他的匣子，退還了他的珍珠。

田鳩告訴楚王說：「現在好多推行自己學說的人，都是說些漂亮動聽的話，君主看到華麗的文辭就忘了它是否有用。而墨子的學說，傳授先王的道理，論述聖人的言語，樸實無華。如果要修飾他的文辭，那恐怕人們會喜歡他的文辭而忘掉了他的價值。因文辭而損害了實用，這與楚人鬻珠、秦伯嫁女是一樣的道理。」

楚王點頭稱是。

中國人愛面子。給人送禮，往往禮物不怎麼樣，外面的包裝倒是十分漂亮講究。這其實無可厚非。華麗的包裝，給人的是尊敬，增添氣氛，圖個喜慶和熱鬧。

現在又有了對人進行包裝一說。此「包裝」，非彼包裝，它不僅僅是指漂亮的服飾。利用傳媒的炒作，對某些歌手、演員進行包裝，使其一夜成星，耀出光輝，達到票房或商業價值。這又成了「包裝」的另一含義。

對禮品可以包裝，對歌星可以包裝，但對學習卻是萬萬不可以。知識來不得半點虛假，不需華麗的外殼，也不需要人爲的炒作。老師認眞地教，學生勤奮地學。摻不得半點水分，來不得一點虛假。一加一等於二，這是永恆的眞理。衛星上天，是科技人員智慧的結晶、辛勤勞動的成果，不是傳媒的炒作與包裝。

在楚王眼裡，墨子的理論，辭藻不華麗，言論不動聽；墨家的教學內容，多是雕蟲小技，其學習的技藝，都是君子不做的事情。然而，楚王不懂，正是這些被統治者及其上層社會認爲不能登大雅之堂的教育內容，以其實用性，受到了下層民衆的歡迎。這，也正是墨家理論在春秋戰國時期風行一時，其影響在儒學之上的一個重要原因。

學習知識是這樣，做任何其他事情，又何嘗不是如此呢！

四、教與學

學而不厭

墨子雖然祖上做過官，但到父親這一輩就淪落爲窮人了。

墨子不甘心於自己的出身，也沒有怨天尤人，聽天由命。他發憤讀書，最終獲得了成功。從一個工匠，進入到知識分子行列，並另創學說，成爲墨家學派的領袖。這一切說明，墨子是一位了不起的人物，他的了不起之處，就在於他能夠認識到知識的重要，學習的重要。在別人都在唉聲歎氣，自認命不如人的時候，他卻秉燭夜讀，利用一切時間學習。

墨子的成就，來自於他平時的學而不厭，來自於他的勤思苦讀。

一次，墨子準備南遊去衛國，走之前，他在車箱裡裝了許多書。學生子弦看了很奇怪，老師這麼有學問，還有必要抓緊這出訪的時間學習嗎？於是，他向墨子請教其中的原因。

墨子很有感慨地對子弦說：「西周初年的政治家周公，每天早上要讀一百篇文章，晚上要會見七十位讀書人，與他們學習討論，交流思想。所以，他能夠成功地輔佐天子，成就一番大業。其影響至今還很大。我現在上不承擔國君的政事，下不從事耕種勞作，所以不敢荒廢了讀書這件事情啊。」

一席話，說得子弦連連點頭。

學習是一件很苦的事情，需要付出時間、精力。老子曾經說：「絕學無憂」。意思是不學習，沒有知識，就不會有煩惱。絕學無憂，就是講讀書無用。墨子反對老子這種讀書無用論，他常常用自己的經歷和切身體會，告誡學生要好好學習。

墨子的一個學生曾對他說：讀書實在是太苦了，並且聽人家說，學到了知識也沒有多大用處。墨子嚴肅地對學生說：「學之益也，說在誹者。」意思是：「學習是有益的，那位告訴你學習無用的人，本身（讓你學習他的『學習無用論』）就證明了這一點。」

墨子強調學以致用，反對學習空洞無物華而無實的理論，認爲學到的知識應該爲社會服務。他還認爲，人的知識應該廣博，學習面應該寬泛。他說：「舉物而暗，無務博聞。」意思是，如果隨便拿起一個東西，不知道它是什麼，就談不上知識的廣博了。從墨子所處的時代來講，對人才的要求是知識全面，天文地理，軍事經濟，經書史籍，都要懂得。墨子自稱「頌先王之道而求其說，通聖人之言而察其辭」。如《墨子》一書，涉及政治、經濟、倫理、教育、哲學、邏輯、軍事、物理、數學等等。由此可知，墨子的知識面相當廣博。所以，墨子的弟子們根據墨子的要求，在談辯、解說文化知識和實踐各種專業技能方面，都有出色的表現。

墨子非常注意利用各種場合時機，學習別人的長處，增加自己的知識。他和他的弟子們，在同其他諸子各家的辯論和交往中，汲取養分，博採眾家之長，這種學習態度正是墨家的最大長處。

正因爲墨子有一種兼收並蓄、綜合百家的氣概，所以他能夠由一個工匠而成爲博通古今的思想家。

誨人不倦

有人仰慕墨子的大名，很想拜他爲師。一天，這人來見墨子，說了自己的想法。墨子見這人身體強壯，看上去很聰明，便答應收他爲弟子。墨子對他說：「你一定要好好學習，如果將來有機會，我會推薦你去做官。」不僅能跟墨子學到知識，將來還能去當官，這人聽了，非常高興，認爲自己交上了好運。

一年時間很快就過去了。這人見墨子並沒有推薦他去做官的意思，就有點耐不住了。一天吃過晚飯，他向墨子提出了這個問題：「老師，我跟隨您已一年多了，您什麼時候推薦我去做官呀？」

墨子回答說：「我還不能推薦你。」

那人很吃驚，連忙問：「爲什麼？」

墨子沒有正面回答學生的問題，而是給他講了個故事：

從前魯國有一家有兄弟五人，他們的父親病死了。老大是個酒鬼，他天天醉臥在酒缸旁，遲遲不給父親下葬。

他的四弟對他說：「你先不要急著喝酒吧，你和我一塊埋葬了父親，我會給你買更多的酒喝。」

老大一聽有酒喝，很高興，馬上起來，和弟弟一塊埋葬了他們的父親。

葬事辦完了，他就跑來找弟弟要酒喝。

弟弟拒絕了老大的要求，他說：「你有責任埋葬父親，如果你不埋葬父親，鄰里左右就會嘲笑你，就會罵你不孝。埋葬父親是應該做的，你不好好反省自己，還有什麼臉來找我要酒喝？」

墨子的故事講完了。他望著他的學生說：「你不學習，沒有知識，別人會瞧不起你，我勸你學習是爲了你好，難道非要去當官才好好學習嗎？」

學生聽了很慚愧，他連忙說：「老師您不要再說了，我懂了！」

墨子從儒學中分立出來後，另立學派，收了許多學生。墨子對教育有獨到的研究，他認爲要讓人學到知識，就要發揮教與學兩方面的積極性。他說：老師教，學生不跟著學，是學生缺少學習的積極性。不好好向老師學，學習的成效就很小。學生想學，老師不教，是老師缺少教的積極性。老師知識多而不教給學生，其教育功效就會等於零。所以，要想達到好的教育和學習的目的，就要教與學相配合。

墨子與他的學生們一起生活，一起學習，相互之間切磋技藝，交流學習心得，從不擺老師的架子。但是，他對弟子的要求很嚴格，特別是在原則性問題上，從不遷就。有一回，墨子爲了節制齊國對魯國的進犯，特地派學生勝綽去做齊國將領項子牛的隨從，讓他相機做一些工作。可是勝綽拿了齊國的厚祿，卻把墨家的仁義思想丟在腦後。項子牛三次進犯魯國，勝綽三次當了幫兇。墨子得知後，十分生氣，又派另一名學生高孫子把勝綽叫了回來，當著眾多的學生狠狠地批評了他。

墨子教育學生，注意方式方法，他善於抓住機會，利用榜樣的力量，來對弟子們進行教育。他推薦學生高石子到衛國去做官，高石子三次朝見衛君，推行墨家的仁義之道，遭到衛君的冷遇。高石子一氣之下，放棄高官不做，厚祿不要，離開了衛國。墨子十分讚賞高石子這種氣節，特地叫了他的學生們來，讓他們聽聽高石子是怎麼想的。用活生生的事例來啓發他們。

墨子善於啓發教育人，來投奔他的學生愈來愈多。很快，墨子和他的弟子們形成了一股非常強大的力量，使得當時一些瞧不起墨子的人，也不得不對他刮目相看。墨子通過他的學生們，將他的思想學說和政治主張推廣到諸侯各國，影響也就愈來愈大了。

墨家思想脫胎於社會底層，它能夠很快自立門戶，形成大氣候，風靡幾百年，得益於墨子和他的弟子們的努力學習，也得益於墨家一代代的教育傳授。

星星之火，可以成燎原之勢。

只要掌握了眞理，加上自身不斷造化，哪怕是一顆火星，到了一定的時候，也會燃起沖天大火。

巧傳求其故

「巧傳則求其故。」

這是墨子關於教育學的一句名言。

在科學技術方面，古代中國是一個缺乏理論而十分講究實用的國度。許多技藝，都是老師用形象化的語言傳授給學生，老師怎樣教給學生，學生就怎樣去做。口教心授，代代相傳。知其然，不知其所以然，缺乏抽象科學的理論總結。這對技藝的發展和進步無疑十分不利。

墨子很早就已經注意到這一現象，提出了「巧傳則求其故」這一科學的教授法。「巧傳則求其故」，就是要求他的學生在學習世代相傳的工匠技藝時，不僅要學習其技術，更重要的是要探明其緣故，要多問幾個爲什麼。不但要知其然，更重要的還要知其所以然。

「巧傳則求其故」的教育思想，就是在今天，仍帶有極普遍的指導意義。

數學老師在講解一道數學公式時，不是要求學生死記這些概念公式，而是通過運算演繹，將這道公式的形成原由講授給學生，讓學生眞正理解掌握。

同樣，物理老師在講解一個物理現象時，則是用做實驗的方法，幫助學生弄明白這種物理現象是怎樣產生和產生的原因。

將直觀教學上升到抽象理論，進行科學的概括和總結。這就是墨子所說的「巧傳則求其故」。

不僅老師教授學生時要「巧傳則求其故」，學生在獲得知識時，也應該「巧傳則求其故」。只有多問幾個爲什麼，弄明白了事物的來龍去脈，才能夠使學到的知識在腦子裡扎下根來。蜻蜓點水、淺嘗輒止，只能使學到的知識停留在一知半解的程度上。

對於墨子來說，僅僅是「求其故」，似乎並不滿足。他還指出：每一個事物，有它的現象，也有它的原因；現象相同，原因相同；但是還有一種情況，現象相同，原因卻不一定相同。

木頭可以燃燒，汽油也可以燃燒，燃燒的現象是一致的，但它們燃燒的原因卻相去甚遠。所以，墨子要求人們在認識事物的時候，應該注意事物的「多方殊類異歸」。

認識了事物的然和所以然，即現象和原因，就便於把握事物的「法」或「理」。墨子所說的「法」，就是法則；「理」，就是道理、條理。他說：如果事物的法則相同，就要觀察其相同的一面。如果事物的法則相異，就要觀察用哪個法則對它更合適。考究共同的法則，可以從工匠傳授技藝中去觀察。要在諸多的法則中去選擇，就要考察其緣故，看哪個更適合。

認識事物要從各個不同的角度來考察分析，認清事物的然，弄清事物的之所以然，還要認清事物的不然。只有這樣，才能眞正理解和把握事物的本質。否則就會出現盲人摸象的笑話。

古希臘哲學家德謨克利特有一句名言：「找到一個原因的解釋，勝過當國王。」同時代的墨子「巧傳則求其故」，可謂與德氏有異曲同工之妙。

墨子和德謨克利特這兩位思想家，一個在東方，一個在西方，他們爲人類社會文明和進步作出的貢獻，一直到今天，還是我們引以爲傲的精神財富。

【政治韜略】

「兼愛」是墨家政治理論的核心。

理解、寬容、平等。

愛自己，更愛天下所有的人。

墨家政治理論，從當時勞動人民利益出發，追求平等互利、和平安定的理想社會。所以，梁啓超稱譽墨子爲「勞動人民的大聖人」。

一、執著的追求

尚同為政

殷周以後，關於國家起源問題，一直被神學的濃霧所籠罩。當時，最爲流行的一種說法是，國家是根據「天」的意志建立的，君權也是「天意」授予的。持這種說法的，是奴隸主貴族及其思想家們。

在中國思想史上，第一個撥開這國家起源之霧的就是墨子。

墨子指出，國家並不是從來就有的。他認爲，在國家出現之前，由於社會成員間利益不同，因而他們的是非標準也就不同，於是，他們之間互相非難。天下所以這樣混亂，是因爲沒有「正長」，即正確的各級長官。要使天下得以治理，應該：

「選擇天下賢良、聖知、辯慧之人，立以爲天子。」

依次再選賢人立以為「三公」（司馬、司徒、司空）、諸侯國君、卿大夫、鄉長、里長等等。他們協助天子，管理天下之事，這個時候，國家就產生了。

天子是天的意志的體現者，是人間最高的絕對權威，天下人都要服從天子。

這就是墨子反覆強調的「尚同」。

因為從天子、諸侯到鄉長、里長等等各級長官，都是由仁人、賢者中選拔出來的，所以他們能夠以身作則，推行仁義，賞善罰惡，主持公道；所以他們就會得到老百姓的愛戴，就能夠謀事得，舉事成，攻必勝，守必堅。這些，都是上下統一、上下一致、「尚同為政」的結果。

墨子提出的「尚同為政」，並不是一個空洞的口號，他還設計了具體的實施辦法，規劃了一個從家長里君到諸侯，從諸侯到天子，從天子到「上天」逐級尚同的方案。墨子說，里長是全里的仁人，他發布政令說：「無論聽到好的言論還是不好的言論，都要向鄉長報告。」里長還號召全里的老百姓向鄉長學習，「學習鄉長好的言論和行為，改掉自己不好的言論和行為。鄉長所贊成的，必須都贊成；鄉長所反對的，必須都反對。」考察一個鄉之所以安定的原因，就是因為這個鄉的鄉長能夠統一全鄉老百姓的意見，所以這個鄉才安定。然後，鄉長向全鄉老百姓發布政令說：「無論聽到好的言論或是不好的言論，都要向國君報告，凡是國君贊成的，必須都贊成；凡是國君反對的，必須都反對。學習國君好的言論和行為，改掉自己不好的言論和行爲。這樣，國家就不會混亂了。」考察一個諸侯國安定的原因，就是國君能夠統一全國人民的意見，所以諸侯國才安定。最後，國君向全國的百姓發布政令說：「無論聽到好的言論，或者是不好的言論，都必須向天子報告。天子所贊成的，大家都贊成；天子所反對的大家都反對。去掉自己不好的言論和行爲，學習天子好的言論和行爲，那麼天下怎麼會混亂呢？」考察天下安定的原因，就是天子能夠統一老百姓的意見，所以天下才安定。

墨子上面的一段話，讀起來很拗口，其實意思很清楚。就是指中央集權的高度統一。全國人民要絕對服從天子的領導，從中央到地方，要高度集中，高度統一，步調一致。這就是墨子強調的「尙同爲政」。

同，就是團結。

團結是勝利之本。

家庭講求和睦，單位講求團結，國家更是如此。上下一心，團結一致，沒有解決不了的困難，沒有克服不了的難關。追求尙同，國家就會強盛；不求尙同，就會各自爲政，離心離德，國家就會衰亡。

治理國家，同是第一位的。有了同，才會有政治清明，經濟繁榮，軍事強大。沒有同，一切將無從談起。

治理一個地方，管理一個單位，道理如出一轍。

天即規律

天，是上帝，上天。

天子，是上帝之子，上天之子。上天將天子派往人間，管理萬事。

天子的權威至高無上，天下所有的人應該尙同於天子。

天子會不會犯錯誤，天子犯了錯誤怎麼辦？

天子犯了錯誤，由他的「頂頭上司」上天來懲罰。墨子如是說。

天子必須服從上天，天子在人間不能爲所欲爲，想幹什麼就幹什麼。上帝的一雙眼睛在時刻盯著天子呢。

如果天子不尙同於天，不尊天行德，胡亂來，老天爺就要用災害來懲罰人民，就會讓田里長不出莊稼，讓疾病橫行於人間。久而久之，人民吃不飽、穿不暖，就會起來造反，推翻天子。這，在科學不發達的那個時代，是很有威懾力的。

不能簡單地將墨家的這些理論，說成是封建迷信。應該將此理論，上升到哲學的高度來分析。

對「天」應該怎樣理解？

齊桓公問政於管仲：「做君王的應該重視什麼？」

「應該重視天。」管仲回答道。

桓公不解地抬頭看了看天。

「我說的天，不是蒼蒼茫茫的天空，當國君的應該把百姓當作天。百姓親附他，社會就安定；輔助他，國家就強盛；指責他，統治就危險；背叛他，政權就覆亡。」

天，是人民大衆。

天，還是自然規律，是社會運行法則。

順應歷史發展規律，社會就進步，國家就強大。違背社會運行規律，就會受到歷史無情的制裁。

回顧新中國成立近半個世紀的歷史，莫不如是。

只要按照社會發展規律辦事，我們的國家就前進，人民的生活就得到改善和提高；違背了這個規律，前進的步伐就會放慢，甚至停滯不前，乃至倒退。

按照社會發展規律堅定不移地走下去，前途將會是一片光明。

萬事莫貴於義

人類進入文明社會以來，無不在追求一種既能滿足自己，又能穩定社會群體的合適原則，這種原則，被稱之爲「義」。

要展開論述「義」，比較空泛。

《國語》中說：

「義，所以制斷事宜也。」

孟子說：

「義者，心之制，事之宜也。」

孔子對「義」講得比較具體：

「君子義以爲上，君子有勇而無義爲亂，小人有勇而無義爲盜。」

墨家對「義」的解釋是：

「夫義，天下之大器也。」

墨家對「義」很看重。

墨子舉例說，現在有人說：給你帽子和鞋，但是要砍你的手和腳，你會幹嗎？那人一定不幹。爲什麼呢？因爲帽子和鞋不如手腳珍貴。又說：給你天下，但是要殺死你，你會幹嗎？那人也一定不會幹。因爲天下沒有自己的身體珍貴。但是人們有時爲了爭辯一句話的是非而互相殘殺，生死忘於腦後，又是爲什麼呢？這是因爲人們把「義」看得比自己的身體珍貴。所以說「萬事莫貴於義」。

墨子追求的「義」，是以愛人、利人爲主要內容。他把「義」看得高於一切，認爲君主治理國家，應該一切以「義」爲標準。以義定懲罰，以義定富貴，以義定親疏。這就是：

不義不富，不義不貴，不義不親，不義不近。

有義則生，無義則死，有義則富，無義則貧。

只有把握好了「義」，才能遇事不迷，處事不亂。「義」是墨家考察君主處事正確與否的絕對標準。義，也是人生與社會追求的最高目標。

天下良寶

墨子有個學生叫高石子，很有才能，墨子把他推薦給了衛國國君。衛君很高興，答應給他很高的俸祿，並把他列爲卿大夫。高石子多次上朝言事，提出治國富民的主張，每一次，衛君都認認眞眞地聽，但就是不去實行。

高石子見衛君並不相信自己，於是不辭而別去了齊國。

墨子正巧也在齊國，高石子去見墨子，對他說：「衛君因爲您的推薦，給了我很高的待遇和地位，但我多次上朝言事，衛君卻一次也不採納，既然不爲人所用，我還待在那裡幹什麼呢？因此我來到齊國。給我那麼高的地位還不幹，恐怕衛君會說我是狂人吧。」

墨子對高石子說：「離開衛國是符合道義的，即使被認爲發狂，也沒有關係。何況實行仁義並不是爲了迴避詆毀而去追求虛名。」

高石子說：「我離開衛國，怎敢違背道義！過去老師您說過，天下無道，仁義之士不貪圖優厚的俸祿和職位。現在衛君無道，我要是不離開，不正說明我貪圖俸祿職位嗎？」

墨子十分讚賞高石子的氣節，他特地把學生們叫來，讓他們聽聽高石子是怎麼對待義和利的。墨子對學生們說：「我時常聽到背棄仁義而追求名利的事，今天我們看到了爲得到義，而拋棄名利的範例。」

這個故事，說明墨家把義看得很高很重，義和利相比，義重於利。

在墨家眼裡，「義」並不是看不見、摸不著的東西。它可以給人們帶來實際的利益。墨子曾對他的學生說，和氏璧、隋侯之珠和九鼎，這些都是諸侯所說的良寶，但是它們不能給人帶來利益。所以不能說這些東西是良寶。而如果用「義」去治理國家，就可以使人口增多，人民富裕，國家安定。所以說：「義，天下之良寶也。」

墨家和儒家，在許多問題上，持相當尖銳的態度。他們關於「義」的內涵，也不完全相同，但是在對「義」的崇尚，對「義」與「利」的態度上，卻是一致的。孟子說：「生，我所欲也；義，我所欲也。二者不可得兼，捨生取義者也。」

始終不渝地追求義，把「義」看得高於一切，這種價値取向，代表了墨家積極的人生態度和政治理想。這種政治訴求，是値得充分肯定的。

大智大勇

墨子從魯國出發，到齊國去看望一位老朋友。那位朋友對他不辭勞苦，為了追求「義」，奔走於各國，感到不理解，便對他說：「現在天下沒有誰在行義，你卻獨自苦苦追求，這是何苦呢？還不如趕快停止吧。」

墨子回答說：「一個人有十個兒子，其中一個兒子種地，其他九人閒著，種地的兒子不得不更加努力。這是為什麼呢？這是因為吃飯的人多，種地的人少。如今天下沒有誰行義，你應該鼓勵我去行義才對，為什麼阻止我呀！」

墨家以救世濟世為己任，為了推行他們追求的義，即使赴湯蹈火，也在所不辭。道家對墨家的某些觀點並不贊成，但是對墨子矢志不渝追求理想中的義，卻十分佩服。莊子讚歎說：「墨子眞天下之好也，將求之不得也，雖枯槁不舍也，才士也夫！」

不懈地追求眞理，推行自己的政治主張，需要意志，更需要大智大勇。

巫馬子在路上遇到了墨子，他笑著對墨子說：「您極力推行義的主張這麼久了，天下的人並沒有得到什麼好處呀！我一直在反對您，也已經很久了，天下人也沒有因此而遭到什麼危害。可見你我的主張作法對社會並沒有起到什麼作用，您爲什麼還自以爲是，而且拚命反對我呢？」

墨子笑著回答說：「這個道理連小孩都明白，可你爲什麼總是糊塗呢？我給你舉個例子，假如現在有人放火燒了你家的房子，有個人急忙提水滅火，又有個人拿著火把、木柴去助長火勢，雖然他們最後都沒有達到目的，但你認爲這兩個人誰對誰錯？」

巫馬子連忙回答：「那還用說，當然是那個救火的人對呀！而那個想火上加油的人不是個好東西！」

墨子聽了哈哈大笑：「算你說對啦！雖然他們兩人都沒有達到目的，但誰好誰壞，還是能夠判定的。我主張兼愛，推行『義』，而你卻反對，雖說你我的目的都沒有達到，但誰對誰錯，還不是一目了然嗎！」

巫馬子啞口無言，轉身就走了。

墨子毫不客氣地回擊巫馬子的挑釁，用智慧戰勝了對手。

得知楚國要攻打宋國，墨子隻身趕到。在楚王宮殿裡，他不僅與公輸般鬥智，更是在與公輸般鬥勇。

作爲政治家，既要有智，也要有勇。

智爲矛，勇爲盾，以睿智作爲向對手進攻的銳利武器，以勇氣作爲防守對手的堅強堡壘。

以智戰勝對手，以勇壓倒敵人。智和勇，兩者不可缺一。

西元三八三年，前秦苻堅率九十萬大軍，進攻東晉。東晉的軍隊不到十萬，秦強晉弱。雙方在淝水兩岸，擺開了決戰的架式。苻堅自恃兵強馬壯，沒有把小小的東晉放在眼裡。晉軍統師謝玄趁勢提出：秦軍強大，晉軍弱小，秦軍沿岸列陣，晉軍不能過河。能不能讓你的軍隊稍稍後退一點，讓晉軍過河後，再決一死戰。苻堅答應了謝玄的要求，他想等晉軍過河後，趁其立足未穩，將其包圍起來，晉軍後有淝水，已無退路，必敗無疑。誰知淝水前線的軍隊往後一退，就像放出去的鴨子，再也停不下腳步，陣勢大亂。過河後的晉軍趁勢追擊，大敗秦軍。苻堅最後也死於亂軍之中。

謝玄計高一籌，他算定秦軍後退必亂，晉軍就可以乘勢進攻。但秦軍畢竟強大，如果能夠穩住陣腳反擊，而晉軍已無退路，陷於強秦的包圍之中，就很危險了。所以，謝玄作出這樣的決定，不僅是大智，也表現出了大勇。在強秦面前，不打也是死，還不如背水一戰，死而後生。事實表明，謝玄的決策是正確的。

大智大勇，要求有過人的智慧和勇氣，而不是胡來亂來。

墨子說：

「無法儀而其事能成者，無有也。」

又說：

「夫智者必量其力所能至而從事焉。」

苻堅之所以失敗，就是因爲他有勇無謀，以爲軍隊強大就可以勝利。而謝玄能夠在敵強我弱的情況下，取得勝利，就在於他經過精心策劃，對自己的軍隊有一個正確的估計，能夠像墨子所說「必量其力所能至而從事」，所以他才能作出看起來十分冒險的決策，取得最後勝利。

二、兼愛天下

愛人若愛己

「兼愛」是墨學的重要綱領，也是墨家思想的核心。

「兼」在漢字中是一個會意字，本意爲一手執兩禾，引伸爲兼有、兼顧等意。墨家推崇的兼愛有「周愛」、「盡愛」、「俱愛」的意思。愛人應該普遍、周全、窮盡，即不管是別人或者自己，也不管是過去、現在或未來，只要是人，都是被愛的對象。甚至一反當時西周奴隸制的傳統觀念，連奴隸和僕人也在愛的範圍之內，一點也沒有歧視之意。

墨子說：聖人以治理天下爲己任，一定要知道亂從什麼地方起，不知道亂從什麼地方起，就不能治理天下。如同醫生給人看病一樣，必須知道疾病的來源，才能醫治。當今天下，強者執弱，衆者劫寡，爾虞我詐，你爭我奪，戰爭連年，一片混亂，這是什麼原因？一言以蔽之：「起不相愛」。

倫理道德的喪失起於不相愛，社會秩序的混亂，也莫不起於人們愛心的泯滅。

「盜愛其室不愛異室，故竊異室以利其室；賊愛其身不愛人身，故賊人身以利其身；此何故也？皆起不相愛。」

總之，世間一切罪惡，舉凡不忠不孝、不仁不義、不和不安，都是不相愛的產物。

怎樣才能夠讓天下太平，不再有戰爭；社會安定，沒有怨恨；家庭和睦，不再有爭吵呢？墨家畫出了一幅理想的藍圖，這就是鼓勵人們相親相愛，愛人如愛己。

愛，是一個十分動人的字眼，有一首歌唱得很好：「『愛』是人類最美好的語言。」曾幾何時，「愛」成爲我們生活中最忌諱的東西，詩歌裡不能有「愛」字，電影中不能有戀愛的情節，就連在現實生活中，照一張結婚照也會被照相館拒絕。

那是一個多麼荒唐而又令人尷尬的年代。

愛有許多種類，其中對人類同胞的愛是最主要的愛。當人類脫離野蠻，進入文明社會以後，愛就成爲人們相互交流的重要內容，成爲人的個性修養、關心幫助他人的高尚情感。孔子把這種情感稱之爲「仁」。

「仁」字從二人，即人與人相親，人與人相愛。墨家則直接稱爲「愛」。

愛是一個美麗的字眼，卻不是一件容易做的事。怎樣才能做到博愛無私，愛人愛己，墨子有許多經驗之談。

一曰：「愛人若愛其身」。愛別人如同愛自己一樣。這是要人們轉換一下愛的角度，一改以我為中心的習慣，唯我獨尊的視角。將他人與己融合為一體，使天下人「視人之家若其家」，「視人之國若其國」，這樣去做，就不會有不忠不義的事情發生，也就不會有戰爭和盜賊。

二曰「為彼猶為己」。「投我以桃，報之以李」，以愛的態度待人，會得到愛的回報；以惡的態度待人，就會得到惡的回報。轉變「我」字當頭的價值觀念，以利他為出發點，為他人也是為自己。只有這樣，才能建立理想的社會秩序。

三曰「無黨無偏」。愛不應該帶有任何成見，不能親一個疏一個。只有遍愛天下人，才是愛人；不能遍愛天下人，就不能稱之為愛人。只有一視同仁，平等待人，才是愛人；分出親疏遠近，不能平等待人，就不能稱之為愛人。

兼愛是周愛，也是一愛。

沒有差別、沒有物我的兼愛，是人類最博大、最徹底的愛。

這裡所說的愛，是人民相互之間的愛。對於希特勒之類的人類共同敵人，那又另當別論。

愛，既是社會的需要，也是我們自身的需要。

「只要人人都獻出一點愛，世界將會變成美好的人間。」這句歌詞，唱出了我們的心聲。

愛無等差

墨家提倡「兼愛」，儒家提倡「仁者愛人」，都主張愛人，但兩者卻有本質的區別。

儒家主張上尊下卑，認爲愛有等差，有親疏遠近之分，身分高貴、有錢有勢的人才值得愛，而成天爲生計操勞的販夫走卒，是下賤之人，不值得愛。

墨家追求兼愛，兼愛就要「愛無等差」。

所謂「等」，是指人們在社會生產和交往中形成的級別。所謂「差」，是指親疏、遠近、厚薄的差別而言。

愛，不應該有上下等級的區別和限制。上自天子大臣，下至黎民百姓，都屬於愛的範圍。每一個人都有愛和被愛的權利。

愛沒有親疏貴賤之分，愛不能有別。

「兼愛」必「生天下之利」，「別愛」必「生天下之大害」。

墨家的「愛無差等」具有鮮明的人民性和批判性，所以在當時以及後來，受到儒家反對，引起了激烈的論爭。

儒家的巫馬子對墨子說，他不能實行「兼愛」，反對「愛無等差」。其理由是，他愛自己魯國的人比愛別國的人多一些，愛本鄉的人比愛整個魯國的人又要多一些；他愛自家人比愛本鄉人要多一些，愛父母比愛全家人又更多些；最後，他愛自己又甚於愛自己的父母。在所有的人當中，跟他愈近的，他愛的愈多。巫馬子還說，他要是被打了，他會感到痛苦，別人被打，他不會感到痛苦。他可以爲自己的利益去殺人，而絕不可能爲別人的利益而犧牲自己。

墨子駁斥了巫馬子的觀點：如果有人喜歡你的理論，照你的理論辦事，這個人就會爲他的利益殺了你。如果天下所有的人都喜歡你的理論，照你的理論辦事，那麼他們就要爲他們的利益而殺了你。反之，如果一個人，或者天下所有不喜歡你的理論的人起來反對你，也打算殺了你。這樣，喜歡你理論的人反對你，要殺你；反對你的理論的人也要殺你。你的這一理論豈不是隨時都會給你帶來殺身之禍嗎？

墨子對巫馬子的批判，實際上揭露了儒家理論與「愛有等差」之間不可調和的矛盾。

顯然，墨家的「愛無等差」，不單是指一般的道德規範，而是政治原則，即國與國之間、人與人之間的平等原則。

將「愛無等差」運用到國際事務中，就應該提倡國不分大小貧富，都是平等的，在政治上承擔一定的義務，經濟上互惠互利。反對大國霸權主義，反對以大國強國自居，對別國的事務橫加干涉。

平時，人與人之間的交往中，更應該注意「愛無差等」。在我們的周圍，就有這麼一些人，自以爲是大款有錢，高人一等，吆三喝四，不把旁人放在眼裡。還有的，冷酷無情，毫無愛心。當有人急需幫助，他竟視若無睹，其理由是：他不值得我愛，不值得我幫助。

當社會需要我們的愛心，當弱者向我們求助，我們應該忘掉所謂的身分、所謂的地位，毫不猶豫地伸出雙手。

現實生活中，有時一個眞誠的微笑，一句溫暖的話語，一瞥深情的凝視，就足以讓人振奮，甚至挽救一個生命。

愛，意味著奉獻，意味著犧牲。在世風趨向於自利、人心趨向於自私的今天，我們呼喚人與人之間的交流與互愛。這，絕不僅僅是個人思想道德問題，對統治者來說，「愛無等差」，應該作爲政治原則加以強調，作爲一種良好的社會風氣加以提倡推廣。

愛民不疾，民無可使

晉獻公想攻打虢國，請來大司空士蔿商議，徵求他的意見。士蔿不同意攻打虢國。其理由是虢國的國君十分驕橫，欺壓百姓，蹂躪人民，這樣長期下去，虢國的民心將會喪失殆盡，到那時再出兵，會很容易打敗虢國。晉獻公覺得大司空的話有道理，採納了他的意見。

士蔿懂得，戰爭勝敗的因素有很多，但能不能得到人民的支持是勝敗與否最主要的因素。

治理國家如同此理。

要使國家富裕強大，首先要得到人民的擁護和支持，最重要的就是愛民。

墨子說：不能深深地愛民，就得不到人民的支持，人民就會離你遠去。

關於愛民理論，最有名的莫過於唐太宗的那句名言：「水能載舟，亦能覆舟」。老百姓是水，國君是舟，水能將舟平平安安送到目的地，也能掀起滔天巨浪，將舟打翻。所以歷代治國明君，都非常注重「愛民」。得民心者得天下，失民心者失天下。

唐太宗的「載舟覆舟」論，其實就是墨子「愛民不疾，民無可使」的延伸。

明智的統治者，墨子認爲，最重要的就是要：

「必計國家百姓所以治者而爲之，必計國家百姓之所以亂者而辟之。」

治理好國家，首先就要讓人民富裕，讓人民過上好日子。其次，要有寬鬆的政治環境，能夠讓人民說話，讓人民暢所欲言，對政府領導實行監督。第三，要有安定的內部和外部環境。對內，團結一致，務求社會穩定；對外，與世界各國互通有無，友好往來，熱愛和平，反對侵略。做好了這幾點，就是眞正的愛民，就會得到人民的眞心愛戴與擁護。

「人民」二字，應該在領導者的頭腦裡時時閃現，時時思之、想之：我的一言一行、一舉一動，是不是愛民。

唐貞觀二年，長安城附近發生了嚴重蝗災。蝗陣如陰雲，鋪天蓋地。田裡的莊稼頃刻間被啃得只剩根根綠桿。百姓叫苦不迭，唐太宗也憂心如焚。這天，唐太宗來到禁苑，看到遍地蝗蟲，隨手抓起幾隻，咒道：「人以穀爲命，卻讓你吃掉了，這是害百姓啊。百姓有罪過，全在我一人，你如有靈，可蝕我心，不要害百姓。」說罷，一口將蝗蟲吞下。這件事，《貞觀政要》上有記載，顯然是被封建史學家們刻意渲染了的。不管唐太宗是否眞吞吃過蝗蟲，從這件事上，可看出封建帝王對黎民百姓是不敢馬虎小看的。

唐太宗曾對臣下說：「有人說作天子可自尊自崇，無所畏懼，我則以爲應自守謙恭，常懷畏懼。我每出一言、行一事，都是上畏皇天，下懼群臣，生怕難稱天意，不合民心。」

有一次，唐太宗問諫議大夫褚遂良說：「你管我每天的言行記錄，記的東西可以讓我看一看嗎？」

唐太宗的要求，遭到了褚遂良的拒絕：「史官記錄的言行，善惡備記，這可使人君不敢作惡事。人君看言行記錄的事，我還沒有聽說過！」

唐太宗又問：「我有不對的地方你也記嗎？」

褚遂良回答道：「這是我的責任，所以不敢不記。」

站在一旁有位叫劉洎的臣子補充說：「即使遂良不記，天下百姓也要記的。」

朝廷史官記錄皇帝言行的本子叫「起居注」，一般來說，皇帝是不應該看「起居注」的。

唐太宗提出想看「起居注」是想知道自己有何過錯，以便作爲以後的借鑒。從這件事可以看出，唐太宗是害怕史官記上他的過失，更怕天下人記之。

三、治國七患

《墨子．七患》列舉了造成國家危亡的七種禍患，即：不重城守而大修宮室；不睦友鄰而敵至無援；濫用民力而國庫空虛；爲保官祿而不敢進諫；君王專斷而不恤下情；任信不賢而疏遠忠良；賞罰不明而人財匱乏等等。

兩千多年後，我們再讀這「治國七患」，似乎看到墨子爲進諫君王治理好國家上下奔走、不知疲勞的身影；似乎聽到墨子那大聲吶喊、振聾發聵的餘音。

不修城池，大建宮殿

一患：都邑的城池沒有修築，失去了防禦敵人的作用，卻去大興土木，修建宮室。

墨子之前，墨子身後，翻開中國五千年歷史，這樣的事例，可以說不勝枚舉。

陳後主陳叔寶是南朝最後一個皇帝，也是歷史上以奢侈無度，丟了天下而聞名的皇帝。

他不問國事，只知道飲酒作樂，在京城裡造了三座豪華樓閣，讓八個寵妃住在裡面。經常在樓閣裡舉行酒宴，喝酒賦詩，通宵達旦。

有位叫傅宰的大臣拚死上奏：「現在已經到了天怒人怨、衆叛親離的田地了，軍隊也完全喪失了戰鬥力，再這樣下去，王朝就要滅了。」

陳後主看了奏章，大發雷霆，對傅宰說：「你如果能改過認錯，我就寬恕你。」傅宰回答說：「我的心同我的面貌一樣，如果我的面貌可以改，我的心才可以改。」

陳後主殺掉了傅宰。

沒過多久，隋朝大軍壓境，陳朝的軍隊望風而逃。大陳江山，就這樣葬送在昏君陳後主手裡。

城池，國家安全的保障；宮室，皇帝享受的居所。不重城守而大修宮室，追求驕奢淫佚而不顧國家社稷安危，禍患必定不遠。

不睦友鄰，敵至無援

二患：敵軍壓境，而鄰國不願救援。這，是很危險的。

脣亡齒寒，芝焚蕙歎，鄰國為何不願伸出援助之手，箇中緣由，應該引人深思。平時不睦友鄰，夜郎自大，自以為是，關上門自我陶醉，哪裡還有別國他人二字；以大欺小，以強欺弱，占盡便宜，沾沾自喜，只見眼前利益，哪管以後如何。事到臨頭，猛然省悟，再想挽救，為時已晚。不睦友鄰，是治國之大忌。要想有和平的環境，就要處好四周鄰國的關係。英明的國君能夠注意這個問題。

晉國發生饑荒，死人無數，派人到秦國購買糧食。賣不賣糧食給晉國，秦國上下發生了爭論。

秦伯問百里傒：「糧食能賣給他們嗎？」

百里傒回答道：「天災，各個國家都會發生。救援災荒，周濟鄰國，這是行的正道。推行正道，一定會有好處。」

就這樣，秦國將糧食源源不斷地送到了晉國。

秦國救晉於危難，最終也得到了晉國的報答。

睦鄰友好，多多助人。治理國家的道理也一樣。

濫用民力，國庫空虛

三患：鋪張浪費，國庫空虛；濫用民力，賞賜無能之人。國君昏庸到如此地步，遭殃的必定是人民。

南北朝時期，北齊的幾個皇帝像比賽似的，一個比一個昏庸。到了齊後主高緯，昏庸到了極點。這位皇帝不理政事，整天抱著琵琶高唱「無愁曲」，自號「無愁天子」。

他役使大量民工，建造起「窮極壯麗」的宮殿。建好以後，又改變主意，拆掉重建，屢建屢拆，「所好無常」。

他賞賜自己的親信，信口開河，往往一戲之言，動逾百萬。連他喜愛的狗、馬、公雞，也要封官受祿。國庫空竭，入不敷出，他就拿出二三個郡或者五六個縣，讓手下人拿去鬻爵賣錢。

昏庸腐敗到了無以復加的地步，最後結局，可想而知。

凡發展生產，厲行節約，國必昌盛；凡揮霍浪費，奢靡無度，國必衰亡。

古往今來，這是一條鐵定的規律。

為保官祿，不敢進諫

四患：當官的只求保住官位和俸祿，遊說之士只顧去結交朋友。國君以嚴法厲律約束、殺戮臣子，臣子唯唯諾諾，不敢向君主提出自己的主見。

當官不爲民作主，不如回家種紅薯。這，絕不是一句戲言。

爲人民說話，替人民辦事，人民會永遠記住他。

秉筆直書，敢於進諫，這是爲官的基本職責。

唯唯諾諾，期期艾艾，明哲保身，但求無過，對不起那五斗米的俸祿，也對不起天地良心。

寬鬆的環境，是活躍部下思想的前提。臣畏君威，唯命是從，不是件好事。

剛愎自用，高枕無憂

五患：君主自以爲聖明而不問政事，自以爲強大而放鬆守備，鄰國虎視眈眈準備進攻而不知警惕。

中國歷史上，自以爲聖明的皇帝眞是太多太多。而自以爲不如人、勵精圖治的君主又太少太少。

自以爲聖明，就會放鬆自己，就會排斥對外部訊息的接受；

自以爲聖明，就會聽不進別人的意見，剛愎自用，狂妄自大。

吳王夫差登上春秋霸主的寶座後，自我陶醉，忘乎所以。到頭來，被階下囚句踐打得大敗，以衣遮面自戕於後宮。在吳越爭霸中，以失敗告終。

唐玄宗聰慧過人，吹拉彈唱，樣樣精通，朝政大事卻全然不顧。春宵苦短，承歡侍宴，佳麗三千，寵愛一身，最終演出了馬嵬坡傳唱千古的悲劇。

自以爲聖明，是貪圖享樂的潤滑劑，是不思進取的突破口。

剛愎自用，狂妄自大，是步入地獄的台階，是走向墳墓的開始。

重用不賢，疏遠忠良

六患：君王信任的人，不賢不忠；忠心耿耿的人，得不到信任。

一部中國歷史，刀光劍影，腥風血雨，寫滿了忠臣與奸佞的殘酷鬥爭。

何謂忠賢，何謂奸佞，要區分開來，不是那麼容易。細細琢磨，似乎也不是很難。

溜鬚拍馬，見風使舵；話揀好聽的說，歌揀好聽的唱；當著人是一套，背著人又是一套。這，就是奸佞小人。

犯顏直諫，表裡如一；秉公辦事，不懷私利；光明坦蕩，一身磊落。這，就是忠臣賢良。

親賢臣，遠小人，則國運興。

親小人，遠賢臣，則國運衰。

道理似乎淺顯明白，做起來卻容易犯糊塗。

賞罰不明，人事兩空

七患：糧庫的糧食不夠食用；大臣不聽命令，不效忠君主；賞賜不能讓人高興，懲罰不能讓人畏懼。這是治國的第七大禍患。

糧食不夠食用，是天災。大臣不效忠君主，是人禍。天災總會過去，人禍綿延，天下就會大亂。

大臣不聽命令，主要責任在君主。

君主手上有根指揮棒，這就是賞與罰。讓能幹事的人上，讓不幹事的人下；幹得好的人賞，幹得不好的人罰。

指揮有方，賞罰分明，事情就會愈辦愈好。

【經濟方略】

重視生產，崇尚節約，貫穿於墨家的經濟學說中。

一、生財之道

民無仰則君無養

古人的所謂「財」，與今天相比，有很大不同。有地種，有飯吃，有衣穿，有房子住，就可以算是生財有道，財大氣粗了。

如何生財，墨家談論得最多、最爲重視的，是農業和家庭紡織業的生產。

墨家認爲五穀是老百姓賴以生存的東西，也是君主的生活給養。百姓沒有五穀，君主就沒有給養；百姓沒有吃的，君主也就不能使喚他們。在此，要致力耕種，加緊生產糧食，並且還要注意節約。

老百姓有三患：肚子餓了沒有飯吃，天氣冷了沒有衣服穿，勞累了不能得到休息。

墨家對天下黎民百姓投下了關注的目光。他們時時提醒君王，要順應農時，讓老百姓有田種，有布織，並且注意休養生息。只有這樣，才能天下太平。

財用不足時，要反省生產是否合農時。糧食不夠時，要反省是否有節制。重視農業生產，又很注意節儉，經濟就會發展。

老百姓所企盼的，是有田種，有活幹。作爲君主，就要給老百姓提供這些起碼的生存環境。滿足老百姓的要求，讓他們安居樂業，是一個國家長治久安的必備條件。

人民對生活充滿信心，國家就會有前途。

「民無仰則君無養」，雖然時代過去了兩千多年，但道理古今相同。

賴其力者生

人要生存，首先就要生產。生產包括很多方面，漁獵、耕稼、紡織等等。生產是人生存的首要前提條件。所以，墨子提出了「賴其力者生」的命題。

力，就是生產。

「賴其力者生」，用大白話講，就是只有大力發展生產，人們才能生存。

生產勞動是人與動物的本質區別。

墨子說：動物靠自身和現成的自然條件，可以生存。而人則不同，要生存，就要進行勞動創造。

中國是一個農業古國，我們的生產主要是農業生產。《詩經》中的不少篇章，如〈七月〉、〈楚茨〉、〈豐年〉、〈良耜〉等篇，都是反映西周的農業生產情況。當時的周天子，每年還要參加「籍田」儀式。可見，對農業生產是非常重視的。後來，隨著社會的進步，生產就不僅僅是指農業生產了。

「賴其力者生」，還有另一層意思，就是勞動創造。

禽獸、飛鳥因有羽毛，有水草，不爲穿衣和吃飯發愁。人沒有這些優勢，要生存就得勞動創造。

在對待勞動上，墨儒兩家的觀點是針鋒相對的。

儒家輕視體力勞動，孔子的學生樊遲想學農，孔子對他不滿，說他是「小人」。還說：

「耕也餒在其中矣，學也祿在其中矣。」

其意曰：種田的人就免不了餓肚子，而讀書的人就能做官。

孟子說：

「勞心者治人，勞力者治於人；治於人者食人，治人者食於人。」

墨家大都是小手工業者出身，個個都是能工巧匠，他們認爲勞動是很光榮的事。墨子本人不僅教授學生要愛勞動，遊說於各國，提倡「賴其力者生」，而且以身作則，親自動手，參加勞動。《莊子．天下》篇說墨子一生勤勞，勞累不堪，還要鼓著勁向前，絲毫不懈怠。莊子稱讚墨子是崇尚勞動，並身體力行的「力行」學派。

沒有人勞動，經濟發展從何而來。墨家對不愛勞動的人提出了尖銳批評。墨子說，不勞而獲的人，上級要懲罰他，群衆聽說後，也要去批評他。只有天下百姓「各從事其所能」，人人愛勞動，個個盡其力，社會經濟才能得到良好的發展。

二、節用五原則

紂王即位不久，命令工匠為他琢一雙象牙筷子。

紂王的弟弟箕子知道後，擔憂地說：「象牙筷子肯定不能配土瓦器，而要用犀牛角雕的碗，白玉磨的杯；有了角碗玉杯，肯定不會裝野菜粗飯，而要用山珍海味才相配；吃了山珍海味，就不會穿粗葛短衣，也不願再住茅屋陋室，而要穿錦繡的衣服，乘華貴的車子，住高樓廣室。這樣下去，我們商國的物品就不能滿足他的欲望，他就要去徵收遠方各國的珍貴奇怪之物供他享用。從這雙象牙筷子開端，我看到了他以後發展的結果。我實在為他擔心啊！」

果然，紂王的貪欲愈來愈大，他抓了成千上萬的百姓，修建占地三里的鹿台；他不顧百姓死活，殺害無數忠良，過著荒淫無恥的生活。後來，宮中的人反對他，士兵倒戈反商，全國的老百姓也紛紛起來造反。紂王最後死在鹿台燃起的熊熊大火之中。

為滿足驕奢淫逸的生活，要麼對外征戰，掠奪他國；要麼「厚作斂於百姓，暴奪民衣食之財」。對外征戰，就會流血與死亡。厚作斂於百姓，給窮人帶來的就是饑寒並至。奢侈，給百姓帶來的是無窮災難，給自己帶來的是身敗名裂。

墨家認爲，統治者要治理好天下，首先必須在宮室、衣服、飲食、舟車、蓄私五個方面注意節儉。

宮室不可不節

上古之民，依山而居，掘洞爲室。隨著社會進步，人們才學會構屋爲室，以避風寒。這個時候的房子十分簡單，屋頂可以防禦雪霜雨露，牆壁使男女分隔而居，僅此而已。

當社會物質文明達到了一定的高度後，統治者就開始大興土木，修建宮室。宮室建造「台榭曲直之望，青黃刻鏤之飾」。

君王建造如此漂亮的宮室，下級官員就爭而效法，競爲奢華。這些錢是從哪裡來呢？必「厚作斂於百姓，暴奪民衣食之財」。到後來，弄得「國貧而民難治」。

要想治理好國家，在住房方面，一定要厲行節約。

節宮室，君王要帶好頭，樹好榜樣。否則，上行下效，節宮室只不過是一句空話。

上古時期的聖王之所以爲「聖」，是因爲同黎民百姓住的一樣、穿的一樣，沒有宮室一說，更無「台榭曲直之望」。

節宮室首先要從統治者做起，從當官的做起。把節宮室的錢用來幫助老百姓，爲老百姓蓋房，用來發展生產。

衣服不可不節

上古之民不知製作衣服，人們披獸皮、結草繩爲衣帶。後來衣服出現了。這個時候的衣服，只不過是「冬以禦寒，夏以禦暑」罷了，即使是聖王的衣著，也只是「適身體，和肌膚」，並不是爲了華麗好看。

正因爲聖王帶頭節儉，所以百姓的資財，足以對付旱澇兇饑；官府倉庫裡堆得滿滿的，足以應付非常之變。

這是墨子爲我們描繪的一幅堯舜時代，聖王與百姓同生共樂的社會藍圖。

到了春秋戰國之時，統治者對穿戴開始過分講究，「冬則輕暖，夏則輕清」，「錦繡文采靡曼之衣，鑄金以爲鉤，珠玉以爲佩」。這樣，勢必「女工作文采，男工作刻鏤」，耗盡財力、人力，只是爲了好看，爲了炫耀。

墨子對此提出了批評：統治者綾羅綢緞，用人民血汗裝扮自己，要想老百姓聽話，國家不出現動亂，那是不可能的。

不要小看了衣服的華麗與否，它實在是奢靡之始，驕逸之源。特別是在社會物質文明尚不發達，老百姓的溫飽還沒有得到根本解決的時候，尤其如此。

季文子作魯國相，妾不穿絲綢，馬不食糧食。

仲孫它勸諫說：「您是魯國的上卿，妾不穿絲綢，馬不食糧食，別人將會認為您是吝嗇，這樣做，國家也不光彩。」

季文子說：「是這樣的嗎？我看我國的老百姓都還穿著粗衣，吃著粗糧，我不敢照你說的那樣去做。再說，我聽到的是君子靠德行使國家光彩，而不靠妻妾和馬。所謂德，就是我得到的，老百姓也能得到。如果放縱自己，盡情奢侈，沈迷於車馬服飾旆旗之類，不能反躬自省，那我憑什麼掌管國家呢！」

一席話，說得仲孫它面紅耳赤，慚愧退出。

季文子說得很對。

衣裳，不過是冬禦風寒，夏抵日曬。過分豔麗與華貴，只會帶來浪費與奢侈，給老百姓帶來的就是災難。

有人衣不掩體，有人卻綾羅綢緞，如此的社會反差，勢必造成社會心理不平衡。物不平則鳴，社會不公，人就會變得奸詐，就會有人作奸犯科，鋌而走險。以奢侈的君主治理奸巧的百姓，要想國家不亂，那是不可能的。墨子說：要想把國家治理好，在穿著方面就要提倡節約。

飲食不可不節

上古的人不知道製作飲食，他們以野果草木爲食。後來，人們學會耕稼種植，學會了熟食。當時的聖王，也只不過是強身飽肚、補氣益虛而已。而後來的君主就不同了，他們搜括民財，用來置辦美味佳肴，蒸魚烤鱉。大國君主吃飯要擺上百樣菜，小國諸侯也要擺上十多樣菜。面前一丈見方的地方，眼睛不能全看到，伸手不能全拈取，口舌不能全品嘗。吃不完的東西，冬天凍成了冰，夏天腐臭變味。

君主飲食如此，臣下就跟著效仿。

富人奢侈浪費，窮人挨凍受餓。而君主希望安定，這是不可能的。墨子說：

「君實欲天下治而惡其亂，當爲食飲不可不節。」

大講排場，公款吃喝，在今可謂愈演愈烈，愈飈愈猛。吃必海鮮，喝必洋酒，一擲千金，醉生夢死。吃的喝的都是人民的血汗。

鋪張浪費，大吃大喝，必須堅決制止。

整治腐敗，應該從整治大吃大喝下手。

舟車不可不節

上古之時，沒有發明舟車，重物不能遠移，太遠的地方不能到達。舟車出現以後，人們就可以把重物運到很遠的地方了。這樣，百姓不勞累，君主的財用也充足。可是到後來，君主們並不滿足舟車用來運載貨物，他們向百姓徵收重稅，用來裝飾車船。車要用五彩刺繡裝飾，船要雕刻花紋。

婦女們只好放下她們手中的紡織，去從事刺繡。男人們只好放棄田裡的活兒，去從事雕刻。沒有人織布，老百姓就要受凍；沒有人耕種，老百姓就要挨餓。饑寒交迫，就會逼得人爲非作歹，國家就會混亂。

君主要想實現天下太平，憎惡天下混亂，製造車船就不得不節制。

君主不可不用舟車。已經有了性能完好、製造堅固、輕巧便利者就可以了。

舟車重在實用，沒有必要裝飾成豪華高級。

當今社會的豪華高級轎車，與當年墨子所說的華麗舟車，已不可同日而語。人們走入了一種誤區：小車是身分的代名詞。乘坐的小車愈高級，身分則愈高貴。

車愈買愈好，愈坐愈高級。

工作業績是不是與之成正比？沒有人去考慮。

坐在豪華轎車裡的人，不知想過沒有，貧困山區裡，還有多少孩子不能上學讀書；還有多少沒有脫貧的農民，溫飽問題尚未得到解決！

舟車不可不節。

蓄私不可不節

君王的後宮之制，是封建時代的特有產物。君主強占民女，擁有三宮六院，七十二妃，這就是蓄私。墨子考察了歷代君王的蓄私後說：大國的國王強占民女達上千人，小國的國王強占民女也有上百人。因此，天下男子多為單身，女子多被拘禁在後宮找不到丈夫。男女錯過了婚嫁的時機，所以天下的民眾減少。

墨子認爲，古代的聖王也有蓄私現象，只不過是他們有所節制，沒有因蓄私傷害他們的品行，宮內沒有被拘禁的女子，宮外沒有寡男，所以百姓無怨。

由於時代的局限，墨子的這一觀點不能說完全正確。但是，設身處地，墨子能夠在當時特定的環境中，針對國君諸侯妻妾成群的現象，發出「蓄私不可不節」的吶喊，卻是難能可貴的。

楚國興兵攻打陳國夏徵舒，事成後，楚莊王想要娶夏徵舒的母親夏姬。中公巫臣勸阻說：「不行，楚國興兵，是爲了討伐夏徵舒的無道，而現在你要娶夏姬，就是貪圖她的美色，這就是荒淫。荒淫是會遭到懲罰的。」

楚莊王聽從了中公巫臣的勸告。

中國歷史上，因爲貪戀美色而誤國的封建君主，實在是太多太多了。西晉的八王之亂，陳後主的荒淫誤國，李後主沈湎於美色而不能自拔……

封建社會早已成爲過去，妻妾成群也已成爲歷史。但是舊社會的賣淫嫖娼醜惡現象，在現今社會上又死灰復燃。

「萬惡淫爲首」，必須用政紀、法律，將這些醜惡現象統統掃除乾淨。

吃、住、行、用、色五個方面，墨子概括說：以上論及的五件事，是聖人節儉的事，是小人驕奢淫逸的事。節儉就昌盛，淫逸就滅亡，這五件事不可不節制。夫婦關係調節好，就能使天下和悅；風調雨順，就能使五穀豐登；衣服合宜適體，就能使肌膚舒適。

節儉是國計民生的大事，不能等閒視之。

節儉不僅僅只是反對鋪張浪費，更重要的是樹立做人的美德，這是國家長治久安的根本。

三、節葬

生與死

墨家說；生，是精神依附於肉體；肉體亡，精神沒有了，這就是死。

當生命脫胎於母體，呱呱墜地之時，就意味著向死亡邁開了第一步。

從生到死，是一個漫長又短暫的過程。

生是暫時的，死是永恆的。

一生一死，是人生的大事，死生之際，不可不察。

如何生活，自古及今，有各種各樣的人生觀；怎樣看待死，古今中外，也有數不盡的「死」的哲學。

當父母師長、親朋好友遠離我們而去，留下來的是無盡的追思與懷念。仰望茫茫星空，宇宙之廣袤，人生之渺小，令生者更加懷念先去的逝者。

追思與懷念有許多種。有的深深埋藏在心底，有的戚戚哀哀傾訴於筆端，有的用隆重的葬禮寄託哀思。

厚葬久喪，是中國傳統的喪葬方式。《墨子・節葬》用專章對這種喪葬方式進行了討論。

墨子說：居喪時哭聲不迭，咽不成聲，披麻戴孝，流著眼淚，住在墓旁的草房裡，睡草墊，枕土塊，強忍饑餓和寒冷。最後，使人面目黑瘦，手腳無力，不能做事。

居喪守孝三年，到後來，守孝的人需要攙扶，才能起床行走。

似乎只有久喪，才能表達自己的一片孝心。

對於這種用厚葬久喪，來表達「仁義」與「孝道」，墨子表示反對。

墨子認爲，久喪會造成巨大的人力浪費，王公大人不能早朝晏退，卿大夫不能治理官府，農夫不能耕田種地，工匠不能修理車船、製造器具，婦女們早起晚睡，不能紡紗織布。

仔細計算一下，這厚葬埋葬了多少錢財呀！

死者已經永遠離開了人間。作爲生者，爲死者送行，哭著送去，哭著回來，回來之後，就去謀衣食之財，接著按時祭祀，寄託哀思。墨子認爲，這才是最好的喪葬方式。

墨子所提示的，不失爲很好的喪葬範例。它表達了生者的心願，也沒有違背應有的禮儀以及社會和個人的實際利益。

更好地工作，完成逝者未竟事業，用自己的畢生精力爲人類造福，這才是最好的紀念。

節葬與富國

王公大人死了，其奢侈讓人吃驚。

死者身著錦衣，裝飾著金銀珠寶；棺材內放有璧玉，還有戈劍鼎鼓、彩緞白絹、衣衾萬領，車馬女樂齊全。一切活人的生活用品都要備齊，送葬就像搬家。

下葬的時候，小棺材外一定要再套大棺材，用繪有各種圖案的皮革，把棺材纏繞包好。墓道裡塗上彩繪，墳壘得高如山丘。

即使是賤民之家，也要傾其所有，儘量把喪事辦得好一些，隨葬品多一些。

因爲沒有錢，賣身葬親的事情在黎民百姓家時有發生。

墨子對春秋戰國時的這種厚葬之風深惡痛絕。

他說：王公大人們厚葬久喪，想以此求得國家富有，卻會使國家更窮；想以此使人民增加，反而會使人口減少；想以此來治理政務，卻使得政務更亂；想以此制止大國進攻小國，那是不可能的；想以此求得上帝的賜福，卻只能得到無窮的災禍。財產隨同死人葬入地下，久喪又不能生產新的財富。長久下去，國力就會日漸減弱，人民就會更加貧困。

食飽穿暖，活著的人尚且需要節制，爲什麼對死去的人卻大肆浪費！厚葬誤國政，厚葬誤農時。

棺木厚三寸，足以收殮朽骨；衣被三件，足以包裹屍體；掘地的深淺，往下不潮濕浸水，往上臭氣不散發到地面，能使人認識到墳地所在就行了。

儒者非墨，重視喪祭，加之歷代統治者提倡，厚葬之風在幾千年的中國封建歷史裡，愈颳愈猛，無數財富盡被掩於厚厚的黃土之中。

不要輕看墨家的警示。今天的人們又在重犯祖先的錯誤。生者活著的時候，後人不好好盡孝，死後卻披麻戴孝，大做法事，修陵起墓，浪費錢財。是藉死人抬高活人，還是以此表示自己的某種心跡？這，實在是中國人的悲哀。

移風易俗

葬喪無定規，因時、因地、因民族、宗教而異。

佛教認為生死輪迴，因果報應。主張死後火化，讓死者化為一縷輕煙，進入佛國。

伊斯蘭教把死稱作「歸眞」。人死後，喪葬按照土葬、速葬、薄葬的方式進行，葬禮既隆重又節儉。

藏族人死後，要舉行天葬。天葬師用利刃把死者的肉割下，讓兀鷹食用。

船員在海上死去，要進行海葬，把死者放入大海，讓萬頃波濤與逝者共存。

據《墨子》記載，從前越之東有「輆沭之國」，其長子生，則肢解分食，說是「宜弟」，意即以後再出生的孩子就會大吉大利。肢解下來的肉，還獻給君王，味道好者，將重賞其父母。祖父死後，要把祖母背到山野之處扔掉，說是「鬼妻」，不能與之共處。楚之南有「啖人之國」，親戚死後，實行二次葬，先讓其屍體腐爛，再拾其骸骨葬之，認為這才是講孝道。

中國封建禮教認為，殺子是不慈，焚親朽肉更是大逆不道。可是在這些少數民族的風俗中，卻是孝行義舉。可見喪葬制度並無絕對的「仁」、「義」、「孝」。

不合理的、落後的風俗陋習，確有改革的必要。而合理的、有用的新風，應該加以提倡，得到社會認同，而後予以推廣。

喪葬是上者倡導，下者奉行，約定俗成，久之便成爲制度。人死如燈滅，藉喪葬推行所謂「仁」、「義」、「孝」，只是一種虛僞。不合理的喪葬陋習，浪費錢財、人力與物力，對精神文明建設百害無一益，應該堅決剷除。

移風易俗，建立新的殯葬制度，節約人力與物力，促進經濟建設發展，是社會文明進步的體現。

這，才是「仁義」、「孝道」，才是生者對死者的最好紀念。

四、奢靡之風不可長

聲色犬馬與哀號呻吟

孔子說：「聞《韶樂》，三年不知肉味。」可見音樂的魅力不同一般。

墨家反對音樂。

《墨子》有〈非樂〉篇，專門講音樂的消極作用。

程繁向墨子請教說：「先生曾說過，『聖人不作音樂。』過去諸侯們疲於處理政務時，就藉鐘鼓之樂來休息；士大夫工作累了，就藉竽瑟之樂來休息；農夫們春耕夏種、秋收冬藏忙累了，就藉鈴缶之類的土樂來休息。現在先生說：『聖王不作音樂』，這就像馬總是駕車而得不到解脫，弓總是拉開不能讓它鬆弛，這恐怕很難做到。」

墨子回答道：「過去堯帝有音樂，但那時只是作爲禮樂而已。等到商湯統一天下，自立爲王後，就新作音樂，取名爲《護》；周武王滅殷紂後，國家沒有大的後患，於是又自製新樂，取名叫《象》；到了周成王治天下，又自製新樂，取名叫《騶虞》。可是，周成王治天下不如周武王，武王治天下不如商湯，商湯治天下又不如堯舜。由此可知，他們的音樂愈複雜，治理天下就愈差。這樣看來，音樂是不能用來治理天下的。」

墨子毫不含糊地反對音樂。從音樂聲中，他看到的是王公大人們的聲色犬馬，驕奢淫逸；聽到的是勞苦人民沈重的哀號和呻吟。

墨子說：仁人做事，必須講求對天下有利，爲天下除害，以此作爲天下準則。對人有利的，就去做；對人無利的，就停止。

春秋戰國之際，諸侯爭霸，烽火四起，人民備受磨難。老百姓們饑不得食，寒不得衣，勞不得息，稱之爲「三患」。爲樂者「撞巨鐘，擊鳴鼓，彈琴瑟，吹竽笙」，這不但不能幫助百姓解決「三患」，反而會帶來更重的負擔。

人，首先要溫飽。有溫飽才能生存。沒有一定的物資基礎，精神享受就會成爲奢侈。

老百姓饑不得食，就要想辦法解決他們的吃飯問題。寒不得衣，就要幫助解決他們的穿衣問題。勞不得息，就要讓他們有足夠的休息時間。老百姓們哀號呻吟，統治者還在絲竹管弦，聲色犬馬，人民不起來造反才怪呢。

加重人民的賦稅，用來造大鐘、響鼓、琴瑟、竽笙等樂器，對於興天下之得，除天下之害，毫無益處。

這，就是墨家對音樂持反對態度的根本原因。

不能一概而論

墨子反對音樂，並不是大鐘、響鼓、琴瑟、竽笙的聲音不好聽，不是認爲刻鏤文采的顏色不漂亮，不是認爲烤牛羊肉的味道不鮮美，不是認爲高屋樓台、深宅大院住得不舒適。縱然身體感到安適，口舌覺得味美，眼睛看了漂亮，耳朵聽了快樂，但往上考察，不符合古代聖王的德行，往下度量，不符合萬民的利益，因此墨子說：「從事音樂是不對的」。

音樂，可以讓勞動者得到休息，讓戰士勇往直前。

音樂，可以撫平受傷的心靈，使絕望者鼓起生活的勇氣，使人的靈魂得到昇華。

音樂也可以讓人沈迷、頹廢，使人消沈。

儒家將音樂分成雅樂和鄭樂兩種。

雅是正當的，合乎節度，有益教化；

鄭是不正當的、無度的，有傷教化。

儒家認爲，對待音樂要有所區別，要去其鄭聲，興其雅樂，主張「樂而不淫，哀而不傷」。孔子提倡正樂，就是救音樂之弊，把混雜淫亂的音樂納入禮制的軌道。

墨子反對音樂，並不是認爲音樂不美，而是針對當時統治者藉音樂尋歡作樂，驕奢淫侈而言。

儘管墨子的觀點有失偏頗，但是藉反對音樂抨擊統治者奢侈無度，這種直面社會、爲平民百姓大聲疾呼的態度是值得肯定的。

對音樂不能以偏概全，一概而論，加以反對。

好的健康的音樂應該提倡，並且推廣普及。不健康的靡靡之音，應當制止，不讓其滋生蔓延。

反對奢靡

「墨術誠行，天下尙儉。」

這是荀子說的一句話。意即如果眞的實行墨家思想，那麼天下的人就會都崇尙節儉。

墨子說：聖王當政，發布命令興辦事業，使用民力和錢財，無不考慮實用和有益才去做。因此用財不浪費，百姓不勞苦，而興利的事就會做得很多。

墨子又說：古代的明君聖人，之所以能稱王天下，匡正諸侯，是因爲他們愛民極忠，利民極厚，忠信相連，又給人們利益，爲此終生不滿足，畢生不厭倦。他們之所以能稱王天下，匡正諸侯，原因就在這裡。

墨家的這些節約理論，在春秋戰國時期的諸子百家理論中，占據著很重要的地位。稱頌古代明王聖人的愛民節儉之道，對當時統治者鋪張浪費、奢靡無度之風，深惡痛絕，毫不客氣地加以鞭撻。

節儉者昌，奢靡者衰，自古皆然。

歷代的有識之士，都把提倡節儉，反對奢靡放到極其重要的位置。

齊桓公問管仲：「我的國家很小，財物用品很少，但群臣的服飾、車馬十分奢侈，我想禁止這種風氣，行嗎？」

管仲回答道：「君王品嘗過的東西，臣子們就愛吃它；君王喜好的服飾，臣子們就愛穿它。現在，君王的飲食一定要丹桂肉桂湯，穿的一定是紫色綢衣、白狐皮袍，這就是群臣奢侈的原因。《詩經》上說：『不從自身做起，百姓不會相信。』您要制止這種風氣，爲什麼不從自己做起呢？」

桓公說：「好，就從我做起吧。」

一年後，齊國節儉成風。

北宋司馬光爲節儉之事，專門給兒子寫信：「許多人以奢侈浪費爲榮，我卻以節儉樸素爲美。儘管別人笑我頑固，我卻不認爲是缺點。一個人因爲儉約犯過失的事是很少見的。讀書人有志於追求眞理，卻又以吃粗糧穿破衣爲恥辱，這種人是不值得做朋友的。」

收入增加了，生活水準提高了，這是件好事。適當地瀟灑一下，享受享受生活，也無可厚非。

有了錢，不要做金錢的奴隸，像吳敬梓筆下的嚴貢生，巴爾扎克筆下的葛朗台。

但是，不能走入鋪張浪費的誤區。

清廉、節儉是做人的美德。

作爲文化觀念，節儉體現了人的眞善美的道德情操；

作爲政治觀念，節儉也是老百姓衡量當權者好與壞的尺度。

由儉入奢易，由奢返儉難。特別是在社會不斷發展進步，物質生活日益豐富的今天，尤其應該注意。

「衆人皆以奢靡爲榮，吾心獨以儉素爲美。」

司馬光的這段話，應該作爲我們的座右銘。

【談辯智略】

墨者善辯。墨家以「名辯」爲基礎，總結並提出有關辯說理論，創立了墨家辯學，使談辯成爲一項專門的學問。

一、名實之論

正名

人們在表達、交流時，不可能把實際要說的東西放在面前，而是用名稱、詞語來表述。這就是墨家所說：很多時候，我們所知的東西是不能用手指著說的。如家中一個名叫「春」的女僕死了，不能指著說。臣僕逃跑了，不知他現在何處，這也無法指著說。小孩不知「狗」和「犬」這兩個字，就要教他們讀寫。遺失的東西，也不能指著說，就是請人再做一個，也不等於原來那一個。

要清楚地表達自己的思想，或者表述一件事物，就得給要表達的事物定名。名，這個漢字是由「夕」和「口」兩部分組成的會意字。意思是晚上看不清東西，就要用嘴巴說出名字來相互交流，而用嘴巴說出來，就要給事物定名。

古代所說的名，意義比較廣泛，它不僅僅是泛指事物的名稱，還包括語詞和概念。通過名，確指事物，通過名，給事物定義，分辨事物的是非好壞、黑白清濁等等。

正因爲此，春秋戰國時期，當時的知識分子從各自不同的角度，對名作了大量的研究和探討，以百家爭鳴爲特點的名辯思潮，由是勃然興起。

在這場爭辯中，以墨子爲首的墨家，獨樹一幟，寫出了〈大取〉、〈小取〉兩篇系統闡述墨家學派關於名辯思想的著作。

墨家對名，以及名與實的關係，作了系統的分類和闡述。

名，分爲達名、類名、私名三類。

達名，是反映實的數量很多，它是關於事物的總名稱。

如「物」這個名，是指世界上所有的東西，它遍指萬物，覆蓋面很大。這就是達名。

類名，是反映某一類事物。如馬就是類名。

「物」是一切事物的統稱，「馬」則是一類事物的指稱。由此可知，達名是遍舉，類名則是偏舉。

私名，反映的對象只有一個個體，世界上僅此一個。如有個人叫「臧」，這個「臧」就是私名。私名，僅僅限於這個實。世界上再沒有叫「臧」的這個人了。

中國是一個非常注重名的國度，「名不正，則言不順」、「師出無名」、「無名小卒」、

「名門閨秀」等等，都講究一個「名」。

唐朝初年，魏徵被唐太宗任命為諫議大夫，由於他為人正直，主持公道，得罪了一些人，不斷有人到唐太宗那裡打小報告，於是唐太宗派人去調查並且還批評了魏徵。

為此魏徵很不服氣，他對唐太宗說：「我希望陛下讓我做一個良臣，而不要讓我做忠臣。」

唐太宗聽了很吃驚，連忙問：「良臣和忠臣之意不是一樣的嗎？」

魏徵回答道：「不一樣。良臣以國事為重，公而忘私，不僅本身有美名，還能讓君主獲得好名聲，使國運不衰。忠臣則不然，唯唯諾諾，唯君主是從，不敢發表自己的意見，長此以往，國家就會有滅亡的危險。這就是良臣與忠臣的區別。」

魏徵在這裡，就「良」與「忠」之名進行了定義，指出良臣和忠臣這兩個概念的確切含義。所以他的論辯顯得深刻有力，唐太宗聽後，很受感動，從此對魏徵信任有加。

由此可知，正名是一種強有力的論辯方法，在論辯中遇到困難，有時通過正名，可以語出驚人，取得反敗為勝的效果。

醜八怪變美女

齊國有位黃先生，爲人過於謙卑，做什麼事總認爲別人比自己幹得好。

黃先生有兩個女兒，長得如花似玉，這本是作父親値得誇耀和驕傲的。但是從黃先生嘴裡出來，就變了味兒。與人閒聊，在談到女兒時，總說自己的女兒長得如何如何醜。

開始，人家還以爲是客套，可是久而久之，黃先生老這麼說，大家就信以爲眞了。結果，兩個女兒醜名遠揚，到了該論婚嫁的年齡，誰也不敢娶她們。

衛國有個找不到老婆的光棍，大著膽子把黃先生的大女兒娶進了門。洞房花燭夜，新郎官揭開新娘的蓋頭一看，竟有傾國之色。於是，他逢人就說：「黃先生過於謙卑，故意說女兒長得醜。他的二女兒一定也長得很漂亮。」

於是，人們又都爭著娶黃先生的二女兒。

先秦時期有名的辯士尹文子指出，黃先生的兩個女兒長得漂亮是實際，是眞實概念。而黃先生的自謙之辭，是虛名，是虛假概念。

齊宣王愛好射箭，喜歡聽別人稱讚他臂力大，能夠用強弓。

齊宣王使用的弓只有三石的拉力，他將這支弓展示左右，這些人爲了拍國君的馬屁，拉到一半都裝著拉不開了，並說這支弓有不下於九石的拉力。

齊宣王信以爲眞，一直以爲自己能拉開九石的弓。

齊宣王的弓是三石，這是實。而別人說他的弓有九石，只是名而已。

齊宣王的弓，名與實不副。

先有實際，然後有名稱。沒有實際，就不會有名稱。一件很美的事物，說它美，就是名實相副，如果說它不美，就是虛假。

是就是，不是就不是。爲人做事，應該實事求是。過分謙虛，故意誇大，都是不好的。

與人論辯，也是這樣。名與實應該相副。

名與實不副，就是虛假。虛假只能帶來不良的後果。

二、眞理與謬誤

白馬非馬

魯國有人獻給宋王兩副連環，說是只有最聰明的人才能將這兩副連環解開。言下之意，很有些瞧不起宋人。

宋王聽後很不高興，下令全國，希望有人能夠解開這兩副連環。大夥躍躍欲試，來解的人不少，但都以失敗告終。

爲此，宋王很失望，難道宋國就眞沒有聰明靈巧之人來解開連環嗎？

倪說是宋國一位很有名的辯士，他聞訊後，來到宋王宮中，很快解開了其中一副。另一副連環，他端詳了好一會兒，然後交給宋王說：「兩副連環都已解開了。」

看見宋王疑惑的神情，倪說連忙解釋說：「這副連環本不可以解開，所以我不去解。不去解開這副連環，便是我對這副連環的解。」

宋王問那位魯國人，是不是這樣。魯國人佩服地說：「倪說先生說得對，這副連環本來就不可以解開。我製作這副連環，所以知道不可以解開。倪說先生不是這副連環的製作者，也知道這副連環不可以解開，顯然比我還聰明。」

就是這位倪說，提出了「白馬非馬」這一著名命題。

所謂「白馬非馬」，就是說「馬」是馬，「白馬」是白馬。「白馬」與「馬」是兩個不同的概念名稱，所以白馬不是馬。

「白馬非馬」的提出，轟動一時，折服了當時許多名辯學者。

據說有一次，倪說騎一匹白馬過關隘。凡馬過關都要交付關稅。倪說雖然以「白馬非馬」說服了齊國的辯者，但在守關的兵士面前，卻不得不掏出錢來交了關稅。

「白馬非馬」由倪說提出，後來經過公孫龍的詳細論證，成爲戰國末期名辯思想中最著名的命題。

公孫龍進一步發揮說，「馬」是指形體的名稱，「白」是指顏色的名稱。指顏色的名稱，不是指形體的名稱，所以白馬不是馬。

公孫龍的論述，雖然在概念的精確化方面有其進步和合理的一面，但是它割裂了個別與一般的聯繫。

個別與一般是對立的，是不能等同的。

個別比一般豐富、生動；一般比個別深刻、穩定。

但是，個別與一般又是統一的。

個別總是和同一類事有著共同本質、共同規律的個別，而一般也絕不會離開個別而存在。

白馬是個別，馬是一般。公孫龍卻割裂這兩者的聯繫，斷定白馬不是馬，這就必然導致詭辯。

墨家反對「白馬非馬」這一論點。〈小取〉中有：白馬是馬，黑馬也是馬，乘白馬、黑馬就是乘馬。

墨子舉例說，我的朋友有一匹秦國產的馬，可以說我的朋友有一匹馬。這句話的前提是：秦馬是馬。如果按照公孫龍的邏輯，就會出現：「秦馬不是馬，我的朋友有秦馬，所以我的朋友沒有馬。」這顯然是不合乎邏輯了。

墨家主張認識和表達要分清是非，這是一個原則問題。墨子曾對人說：「對是非分辨不清的人，不能與之打交道。」

墨子所說的是與非，就是眞理與謬誤。

怎樣才能證明自己把握了眞理，怎樣區別眞理與謬誤呢？這不能靠誰的意願或口頭說了算，而是要通過行爲來表現。這就是實踐。

墨家把已經知道的名稱和概念，叫做名知。把有意識並見之於行動的知，叫做取知，這是最高形式的知識。

實踐出眞知。

實踐是檢驗眞理的唯一標準。

墨家以上這些觀點，實際上已具備了實踐是檢驗眞理標準的因素。

詭辯與反詭辯

所謂詭辯，就是違反客觀事實，違反社會公理和科學原理，似是而非地反駁正確觀點、維護錯誤觀點的論證方式。

「白馬非馬」論點，割裂了事物個別與一般的聯繫，用錯誤的推理證明白馬不是馬，這就是詭辯。

有人說：「詭辯是理智和語言的詐騙」。

這種「詐騙」，就是思想和語言不相符。

假設公孫龍先生要騎馬遠行，僕人給他牽來一匹白馬，恐怕他會毫不猶豫地騎上馬出發，而不會說這不是一匹馬而拒絕騎牠。這就是說，在現實生活中，公孫龍懂得白馬是馬，但是在與人的論辯之中，他會用種種推論證明，白馬不是馬。

推而論之，用白馬非馬的邏輯來求證其他事物，公孫龍就會陷入十分窘迫的境地。白麵非麵、木屋非屋、布衣非衣、銅劍非劍，等等諸如此類，如果公孫先生還用「白馬非馬」的論點來推理論證，不知他還吃不吃飯、穿不穿衣、住不住房呢？

公孫龍的詭辯，不僅僅是割裂個別與一般的聯繫，而且言意相離，言意不符於實。

墨家對「白馬非馬」言意不符於實的論點，進行了駁斥：言語應該表達意義，表達心中想說的話，這叫做「信」；心中想的和說出的話，應該反映實際，這叫做「當」。

與「當」相反的是「假」。

說話與事實不相符，就是假。如同狗裝成鶴，但並不是眞鶴；一個姓霍的人，也並非眞是鶴一樣（古代霍、鶴兩字通用）。

詭辯在現實生活中，可謂屢見不鮮：

公款大吃大喝，這是工作需要。

婚外戀、第三者，這是生活小節。

工作中的重大失誤，這是繳學費。

……詭辯者的眼裡，沒有是非之辨，沒有黑白之分。

詭辯有善意，有惡意。

善意的詭辯，聊博人一笑。出格的言行，再加上惡意的詭辯，就不僅僅是讓四周人討厭了。

殺盜非殺人

夜半三更，月黑風高，強盜到一家偷東西，驚醒了這家的主人。主人是個屠戶，在與強盜的搏鬥之中，他順手抄起一把刀，將強盜追殺於門外。

魯國京城裡出了殺人案，一時鬧得滿城風雨。

消息傳到墨家那裡。墨子說：「殺強盜，不是殺人。」

把強盜殺了，怎麼說沒有殺人呢！有人認爲墨子是在胡說，紛紛駁斥這種觀點。

墨子解釋說：車是木頭做的，但乘車不是乘木頭。

強盜是人，但是愛強盜，不能說是愛人；不愛強盜，不能認爲是不愛人。所以殺強盜，就不能說是殺人。

這就是墨子有名的「殺盜非殺人」命題。「殺盜非殺人」論斷，在當時引起了很大爭論，有人認為它是詭辯，有人認為不是。究竟是不是詭辯呢？

墨子把辭與辭之間的同異，分為「乃是而然」與「乃是而不然」。

乃是而然：

反映同一對象的名詞，表達的方式有所不同，包括的內涵和外延在範圍大小上有所區別，但反映事物對象相同。

如：「白馬，馬也；乘白馬，乘馬也。」由於「白馬」的外延包含在「馬」的外延中，兩個辭可以比肩而立，後一辭與前一辭，都是正確的表達式。

又如：「獲，人也；愛獲，愛人也。」「獲」是指一個具體的人，在前後辭中，他都包括在「人」的外延中。

這種前辭為「是」，後辭亦然的關係，墨家叫做「乃是而然」。

乃是而不然：

同一個名詞，可以用作不同的概念，反映不同的事物對象。這就是名詞的歧義性。

如：「車，木也；乘車，非乘木也。」前辭中的「車」，反映車是用什麼材料做的。後辭中的「車」，是反映車的用途。一個名詞，可以衍化出幾個概念，反映不同的事物對象。「車」，可以衍化出車的材料、形狀、用途等等，墨家把這叫做「乃是而不然」。

在舉證「乃是而不然」時，墨家還舉了一個例子：

「盜人，人也；多盜，非多人也。」

強盜，是人；一個地方的強盜很多，就說那個地方的人多。這，顯然是可笑的。

回頭再來講「殺盜，非殺人也」。

「盜，人也；愛盜，非愛人也；不愛盜，非不愛人也；殺盜，非殺人也。」第一辭的「盜」，是指人的生理屬性；第二辭和第三辭的「盜」，是指人行為的概念；第四辭的「盜」，有人把它理解成與第一辭的「盜」相同，即人的概念。但墨家則認為第二、三辭的「盜」是鋪陳，第四辭的「盜」是接著第二、三辭的「盜」，不是指人，而是指特定行為的概念「偷」。因而，與第一辭「盜，人也」之間的關係，是「乃是而不然」的關係，於是便得出「殺盜非殺人」的推論。

認為「殺盜非殺人」是詭辯，就是把表面看上去一樣，而內涵不同的概念，當成了同一個概念，否定了詞語在表達上的一詞多義性。表面上看，「盜多」與「人多」，使用的是同一個詞「多」，但它所表達的含義不一樣。「盜多」，是指在一定人數中，盜賊比例多，不改變總人數數量，屬相對之「多」；「人多」，是人的總數數量多，屬絕對之「多」。兩個「多」，並非一個概念，所以盜多不能說人多。

同樣，在「殺盜非殺人」中，「殺盜」和「殺人」，同一個「殺」，意義截然不同。殺盜，或是執法者依法處死盜賊；或是某人出於自衛，將盜賊殺死。前一種情況，用的是執法之劍；後一種情況，用的是正義之劍。它們都不能理解成一般意義上的殺人。

所以，「殺盜非殺人」不是詭辯。

三、辯說技巧

什麼是「辯」？

什麼是「辯」？

辯，就是爭辯、說理、分清是非異同。它是日常生活中經常使用的一種語言交際活動。比如演講報告、法庭辯護、學術辯論等，都要用到「辯」。

辯，要有理可循，有章可依。否則，就是信口雌黃，無理取鬧了。

對於「辯」，墨家有極爲精闢的定義。

辯，就是明辨是非。判斷誰勝誰負，結論只有一個，即是或不是。正確（當）的一方爲勝，錯誤的一方爲負。在辯論雙方中，必有一方爲正確，一方爲不正確；一方爲勝，一方爲負。如果辯來辯去，辯論雙方或都正確，或都不正確；同勝或同負，那就不是眞正意義上的辯論。

墨者舉了以下幾個例子，說明「辯」與「非辯」的區別：

其一，雙方辯論的是同一個對象。如兩個人同時看到對面山上有一個動物在跑，第一個人說那是狗，第二個人說那是犬。狗和犬其實是一回事。如果那的確是隻狗，則兩人同眞；如果那不是隻狗，則兩人同假。這就失去了辯的意義。

其二，如果辯論的是不同的對象，第一個人說是狗，第二個人說是羊，這也不屬典型意義上的辯論。因爲在第一個人和第二個人辯論的對象中，除了狗和羊外，還有許多動物，他們兩人，也許有一人爲假，也許兩人同爲假。

什麼是眞正意義上的「辯」呢?

墨家認爲只有是關於矛盾命題的爭論，才是「辯」。

如對面山上的那隻動物，第一個人說是狗，第二個人說不是狗，這叫「爭彼」，即同一對象的一對矛盾命題之爭。

如果那是隻狗，則第一個人說的是眞，第二個人爲假；

如果那不是隻狗，是隻羊，或者其他動物，那麼第二個人爲眞。

二者不同眞，也不同假，結論必然是一個，即：一眞一假。

這樣的辯論一定有勝負可言，這才是眞正意義上的「辯」。

矛與盾

這是一個古老的寓言。

楚國一個賣矛和盾的商人，在街上吆喝。他舉起左手的矛，說這支矛銳利無比，再堅硬的盾也可以戳穿。接著他又舉起右手的盾，說這塊盾堅硬無比，再銳利的矛也戳穿不了它。有人問：「用你左手的矛來戳你右手的盾，會是怎樣？」

商人無言以對。

這則寓言告訴人們，平時與人論辯，要注意避免前後矛盾。

墨家把矛盾叫做「悖」。從墨子到後期墨家，都非常熟練地運用了邏輯學中的矛盾律，避免悖謬，駁斥對方自相矛盾的地方。

墨子在教授學生時，告訴他們，與人論辯之中，要善於抓住對方論點中所隱含的矛盾，加以駁斥。

一次，墨子的學生來向墨子請教。學生問：「有人說學習沒有用處。您認爲是這樣的嗎？」

墨子反問道：「既然學習無用，那他的觀點值不值得學呢？」

言下之意，如果他的觀點值得學習，說明學習是有用的；如果他的觀點不值得學習，那不正說明他的觀點是錯誤的嗎！

墨子就是利用了對方自相矛盾的地方，駁斥了「學習無用」的論點。

有人說：「世界上的一切言論都是荒謬的」。爲此還引起了一些爭論。

墨家認爲，這種論點本身不值得一駁。既然一切言論都是荒謬的，那麼你自己的言論是不是荒謬的呢？如果論點成立，那說明你自己的言論也是荒謬的。如果你認爲你的論點沒有錯，那就不能說「世界上一切言論都是荒謬的」。

當時，還有些人提出「非謗」的論點。

「非謗」，就是反對批評錯誤。墨家反駁道：「你們提出『非謗』，就是反對批評。你們反對批評，本身就是對這個觀點進行批評。一方面反對別人批評，一方面自己又在批評，這不是自相矛盾的嗎？」

墨家掌握邏輯學中的矛盾律，利用對方論點中自相矛盾的地方，進行有力的駁斥，可以說達到了爐火純青的地步。

在辯論中，要善於揭露對方的矛盾之處。同時，還要避免自己前後矛盾，這是辯論中應該加以注意的。

海大魚

田嬰是齊威王的兒子，分封在薛地，人們稱他薛公。

薛公見臨淄的城牆既高大又堅固，十分羡慕，也想在薛地周圍仿造一座類似的城牆。

幕僚們聽說後，都來勸薛公，以薛地的人力、物力，不可能建造臨淄那樣的城牆，再說也沒有必要。

但是薛公主意已定，怎麼勸說都沒用。他告訴門口的衛士，凡是有賓客再來說這件事的，一律不讓進門。

倪說聽說後，決定去試一試。

這天，倪說來到薛府，讓衛士傳話進去：「請告訴薛公，我只要求講三個字，若多一個字，甘願被處死。」

薛公聽後，十分奇怪，三個字能夠把道理講清楚？便讓人傳話，讓倪說進來。

倪說走到薛公面前，說了聲：「海大魚」，轉身便走。

薛公莫名其妙，連忙喊住了倪說。

倪說回答：「我可不敢拿性命開玩笑。」

薛公說：「既然讓你進來了，我還是想聽聽你的高見。」

倪說便講道：「大魚在海洋裡游動時，魚網是阻擋不住牠的，魚鉤也拿牠沒辦法。但是，大魚一旦擱淺在海灘上，即便是螞蟻、螻蛄也能吃牠的血和肉。現在，齊國好比大海，薛公您好比大魚，您已有齊國的庇護，何必再在薛地建築高大的城牆呢！如果沒有齊國，即使把薛地的城牆修得高聳入雲，又有什麼用呢？」

薛公想了一會兒，認爲倪說講得有道理，便打消了在薛地建城牆的念頭。

倪說用海洋與大魚，譬喻齊國與薛公的關係，十分貼切，而且言簡意賅，說理性強，容易讓人接受。這就是譬喻式類比推論。

春秋戰國時期，運用譬喻式推論表達自己的思想觀點，說服對方，是當時辯士們十分喜歡運用的論辯方式。

墨家也不例外。言必有譬，無譬不言，先譬後言，是墨家慣用的辯論手法。

墨子用染絲爲喻，說明君王和諸侯要愼重選用人才，也說明教育感染的重要；用銳利的刀容易磨損，高大的樹容易遭人砍伐爲喻，說明做人「太盛難守」的道理；用殺一人是殺人，發動所謂仁義戰爭是殺更多人爲喻，來推行其兼愛、非攻學說等等。喻理透徹，分析中肯，具有很強的說服力。

墨家給譬喻下了一個定義：譬喻這種辯說方式，是用另一事物來說明要說的事物。因爲，事物的屬性所顯現出的程度不一，事物的道理有深奧與淺顯、隱晦與明瞭、抽象與具體。深奧的、隱晦的、抽象的事理，往往難以理解，用淺顯、明瞭、具體的事理打比方，便容易讓人理解和接受。

譬喻式類比推論，在今天，仍不失爲很好的論辯方式。

一鳴驚人

譬喻的運用又分兩種。

一種是言譬例而不明談所論之事，這種譬喻又叫「隱譬」。

一種是明白地道出譬喻雙方，將存在於譬與被譬之間共通之理加以明確揭示，這叫「明譬」。

楚莊王當了國君後，終日享樂，不理朝政。他白天出去打獵，晚上在宮裡喝酒、聽音樂、看舞蹈。大臣們十分著急，有幾個人大著膽子向楚莊王進諫，但他們的話全是隔靴搔癢，說不到點子上。後來，楚莊王下了一道命令：「誰再多嘴，我就要治誰的罪。」

一天，大夫申無畏來見楚莊王。楚莊王問他：「你來幹什麼？來喝酒還是來聽音樂？」

申無畏說：「大王喜歡猜謎語，我有個謎語想請您猜猜。」

聽說猜謎語，楚莊王來了精神，他讓申無畏趕快講。

「楚國的山上有隻大鳥，身披五彩，非常漂亮。牠停在楚國的大樹上，三年不飛也不叫，您說這是隻什麼鳥？」

楚莊王明白了申無畏謎語後面的意思，他不動聲色地笑著說：「這可不是普通的鳥啊。三年不飛，一飛沖天；三年不鳴，一鳴驚人。你別急，等著看這隻鳥吧！」

楚莊王從此便以「一飛沖天」、「一鳴驚人」的精神，改革政治，訓練軍隊，很快成為一代霸主。

申無畏就是用的隱語形式的譬喻方法，將要講的道理巧妙地暗藏在譬喻中，而不直接點破，既說明了道理，又保全楚莊王的面子。有時這種隱喻，只有你知我知，非常隱蔽巧妙。

在隱喻基礎上，又衍生出暗示。即沒有譬體本身，而是在一定的語言環境中，運用反問、語氣轉換等，來說理和表明自己的態度。

墨子勸說楚王不要發動侵略宋國的戰爭，公輸般辯不過墨子，很不服氣，他扔掉手中的器械說：「我知道用什麼辦法對付你了，但是我不說。」

墨子微笑著說：「我知道你想用什麼辦法對付我，我也不說。」

公輸般與墨子的這段對話，話中有話，話外有音，這就是暗示。

他倆的對話，把一旁的楚王弄糊塗了。他不解地問墨子：「你怎麼知道公輸般對付你的辦法？」

墨子回答說：「公輸般的辦法，不過是想殺了我。他以爲殺了我，宋國就沒有人守城了。但是，他不知道，我的弟子正拿著這些守城兵器，在宋國的城牆上，等著楚國的進攻呢！即使殺了我，也攻不下宋城。」

用隱喻和暗示，在說理或駁斥中，充滿機敏睿智。一句看似很平常的話，卻深喻要說的道理，輕言細語的談話裡，往往暗藏殺機。

不知天高地厚

類比推理是邏輯方法在論辯中的應用。它是根據兩類事物某些相同或相似的方面，推斷出它們另外的屬性也相同或相似。

墨家在與人論辯中，經常運用類比推理的方法說服對方。

〈大取〉中有「不爲己」（即不爲私、一心爲公的精神），是可以學到的。這就像「獵走」

（即打獵時的快步）是可以學到的一樣。

「不爲己」，是一種看不見、摸不著的東西；而「獵走」直觀性很強，將「不爲己」與「獵走」歸類相比，用一種學習方法，歸類推理另一種學習方法，告訴別人「不爲己」是可以學習到的，從而使抽象的觀點變得容易讓人接受。

墨家在論辯中，常用這種類比推理法，所以墨家議論具有很強的論證性和說服力。

也正因爲如此，春秋戰國時期，這種方法在各種辯論場所運用得很多，而且十分精彩。

請看子貢與齊景公的一次論辯：

齊景公問子貢：「你的老師是誰？」

子貢回答道：「魯國的仲尼。」

「仲尼是賢人嗎？」

「是聖人啊！豈止是賢人。」

「他是怎樣的聖人呢？」

「不知道。」

齊景公十分生氣：「開始你說仲尼是聖人，現在又說不知道，這是爲什麼？」

子貢不慌不忙地說道：「我頭頂著天空，但我並不知道天有多高；我腳踩大地，也不知道地有多厚；我求學於仲尼，就如同拿勺子到江海中去飲水一樣，水喝到了肚子裡，卻始終不知道江海有多深。」

子貢是孔子的得意門生，孔子是怎樣的聖人，子貢應該知道。子貢不想在齊景公面前評價孔子，便採用了類比的方法。用頭頂天不知天之高，腳踩地不知地之厚，飲於江海而不知江海之深，來類比就學於孔子而不知孔子是怎樣的聖人。這樣，既極力誇讚了自己的老師，又巧妙地迴避了齊景公的問題。

這就是類比推理的妙處。

類比推理是一種很好的論辯方法，但是在實際運用中，應該注意三個問題：

第一，在論辯中，運用類比推理可以達到出奇制勝的效果，但它只是一種論辯技巧，偶爾使用尚可，如果經常使用，會喧賓奪主，影響其效果。

第二，進行類比推理時，所舉的兩類事物之間的關係應該愈貼近愈緊密愈好，這樣才能使辯論中的觀點富有論證性，增強說服力。

第三，不能用兩類事物中表面上某些相同或相似作為推理的根據，而應該抓住其實質相通之處。否則就會出現生拉硬扯之弊，讓對方抓住把柄，造成失利。

殺一人與戰爭

辯論雙方有時勢均力敵，各自有理論辯駁對方，誰也說服不了誰。這時，不妨換一種辯駁方法。

迂迴誘入，就是其中一種。

迂迴誘入，就是先讓對方提出一個正確的標準，然後轉換到你要談論的話題，按照這一標準，再指出對方論點中的錯誤，達到辯駁的目的。

墨子為了止楚攻宋，找到公輸般，想通過他說服楚王，停止將要發動的戰爭。要說服楚王，必先說服公輸般。墨子便採用了迂迴誘入的方法。

公輸般見墨子風塵僕僕趕到楚國，禮畢之後，明知故問：「先生來楚，有何見教？」墨子回答說：「北方有人侮辱我，我想借助您的力量，除掉他。事成之後，我送您一千金，表示謝意。」

公輸般斷然拒絕：「先生知道，我是講仁義的，不能隨便殺人。」

墨子馬上說：「請允許我向您進言。我在北方聽說您製造了雲梯，準備攻打宋國。宋國有什麼罪呢？楚國多的是土地，少的是人口。發動戰爭，損失自己缺乏的人口，而去爭奪並不短缺的土地，不能算是聰明；宋國沒有罪，卻要去攻打它，這不能算是仁愛；你懂得這個道理，不去向楚王據理力爭，不能算是忠誠；爭辯達不到目的，不能算是堅定；您知道殺一個人是不義，但卻又用戰爭去殺許多人，這不能算是會類推事理吧。」

一席話，說得公輸般張口結舌，無從對答。

墨子先誘使公輸般說出自己是講仁義的，不能隨便殺人的話來。然後，圍繞對方的觀點，從智、仁、忠、義等方面，展開論戰，經過一連串的發難，引出「義不殺少而殺衆」的結論，使公輸般暴露矛盾，無力反駁而認輸。

迂迴誘入，往往能在辯論雙方相持不下時，出奇制勝。但是運用這種方法，應該注意兩個問題：

第一，先要讓對方提出一個判定是非、正誤的標準，而不是自己提出、論定的。

第二，用對方的這一標準，類推到對方的論點，使其互相矛盾，達到說服的目的。

鋒利的刀子與戰爭

在辯論雙方各持己見，相持不下時，不妨變換角度，換一種說法駁倒對方。

齊國要攻打魯國，墨子去見齊王，告訴他攻打魯國是不義的，希望他打消進攻魯國的念頭。齊王不為所動，堅持伐魯。

墨子見齊王固執己見，且面帶怒色，看樣子很難一下子說服他，便與他拉起了家常：「有人拿了一把刀，想用人頭來試試刀子的鋒利，他手起刀落，人頭落地，這刀子可以說是夠鋒利的吧。」

齊王回答說：「鋒利。」

「這人用刀又試著砍了好多的頭，一下子全砍斷了，這刀子可以說很鋒利吧？」

齊王回答說：「很鋒利。」

墨子問：「刀子是很鋒利，可是誰受其害呢？」

「當然是被用來試刀的人啦。」齊王說。

墨子馬上說：「發動戰爭，兼併他國，勢必會殺人遍野，血流成河，最後誰來承受殺人的罪責呢？」

齊王沈思不語，好半天才說：「最後還是我來承受罪責呀！我明白了，決定不打魯國了。」

這場論辯，墨子就是運用變換角度的方法，說服了齊王。

變換角度就是，基本內容雖然不變，但所提論點的角度變了。因此，在運用這一方法時，必須注意，不能簡單地重複所提論點，而應使內容有新的進展。要做到這一點，就要事先做好準備，多考慮幾個角度，一旦對方反駁，迅速更換角度，尋找新的突破口。

一推銷員到某公司推銷塑膠製品。公司經理每天都要接待這類人，感到很厭煩。

「請問，你們這兒需要塑膠茶杯嗎？」推銷人問。

「不要。」

「需要塑膠果盤嗎？」

「不要。」

「需要其他塑膠製品嗎，我們還可以訂做。」

「不要。」

「那您一定需要這個囉！」推銷員說完，拿出一塊塑膠牌子，往辦公室門口一掛，上面寫道：「本公司謝絕任何推銷員上門推銷產品。」

公司老闆笑了，買下了這塊塑膠牌。

變換角度的另一方式，是先解決對方的問題，通過解決對方問題這個角度，讓其接受自己的觀點。

一警察爲瞭解案情，找到被調查人，發現他正和一個女人在一起。警察說：「我想和你單獨談談。」

被調查人說：「沒關係，她是我妻子，我們無話不說。」

警察不好拒絕，便對他說：「如果你願意，等我們談完以後，你再告訴她，好嗎？」

被調查人認爲警察的話通情達理，同意單獨談話。

這位警察變換了一下角度，既認同他們之間的親密關係，又淡化了對方的理由，達到了自己的目的。

這就是變換角度的作用。

穿古裝與講「義」

先假設對方觀點是正確的，然後由此推出有悖常理、自相矛盾的結論，從而駁倒對方。

這種方法，就是歸謬推理法。

墨家對歸謬推理，運用得得心應手。

一位儒者對人說：「君子一定要穿著古人的服裝，說著古人的語言，才符合仁義道德。」

墨子不同意這種論點，他利用儒家論點中的矛盾，反駁說：「古人語言，在古人說它時它又是新的。按照儒家意思，他們就不是君子，而成了非君子。這就等於，今人一定要說非君子的話，穿非君子的衣，才符合仁義的標準，這不是十分荒謬嗎？」

儒家又說：「對待文化，君子只能遵循前人，而不要自己創造。」

對待前人留下的文化遺產，不能一味遵循繼承，還要去創造光大。墨子反駁說：「古代羿發明了弓，杼發明了甲，奚仲發明了車，巧垂發明了舟。按儒家的觀點，羿、杼、奚仲、巧垂等人，都不是君子，因爲他們沒有遵循古人，而發明了這些東西。然而，如今人們使用弓、甲、車、舟，都是君子，因爲他們遵循了古人的發明創造。那麼，由此可知，遵循非君子之道的人，反倒成了君子。這不是荒謬絕頂了嗎！」

墨子由魯國北上齊國去遊說，半路上遇到一個算命先生。

算命先生對他說：「老天爺今天在北方殺黑龍，先生您的臉色黑，不能到北方去。」

墨子沒有理會算命先生的話，仍然向北走去。

墨子來到淄水河邊，河水暴漲，過不了河，只好掉頭原道返回。在路上又遇到了那位算命先生。算命先生很得意：「我對您說過，您不能去北方。您不聽我的話，白跑了一趟吧。」

墨子反駁說：「淄水暴漲，南方的人不能過河到北方去。同樣，北方的人也不能過河到南方來，他們中間，有的臉是白色的，有的臉是黑色的，爲什麼都不能如願呢？況且，老天爺在東方殺青龍，在南方殺赤龍，在西方殺白龍，在北方殺黑龍，照您的說法，天下的人都不能走路了，這豈不是欺騙大家嗎，所以，您的話不能聽。」

墨子從對方的言論引出荒謬，從而駁倒了對方。

歸謬法用得好，可以不知不覺地讓對方上鉤，然後推出意想不到的結論使對方無法反駁。

俄國著名作家赫爾岑一次應邀參加一個音樂會。音樂會開始不一會兒，赫爾岑就打起了瞌睡。女主人問他：「先生，難道您不喜歡音樂嗎？」

赫爾岑搖了搖頭：「這種低級的音樂沒什麼好聽的。」

「你說什麼，這裡演奏的都是十分流行的樂曲呀！」

赫爾岑笑著反問道：「難道流行的都是高尚的嗎？」

「不高尚的東西怎麼會流行呢？」女主人不以爲然。

赫爾岑又笑了：「那麼流行感冒也是高尚的囉？」

女主人的意思是：流行的東西都是高尚的，今天演奏的樂曲是流行的，所以也是高尚的。赫爾岑由此推理：流行感冒是流行的，所以流行感冒是高尚的。

四、論辯法則

通意後對

答非所問，在交際與論辯中是經常易犯的錯誤。之所以會出現答非所問，無外乎兩種：

一種是詭辯，故意混淆辯題，歪曲對方的意思，然後洋洋灑灑，鋪陳開去；

一種是沒有弄清意思，答非所問，將題目弄偏了。

下面的例子，就屬於第二種情況。

A：現在吸毒的問題愈來愈嚴重了，不管一管是不行了。聽說昨天又播出了一個反吸毒問題的連續劇？

B：沒看到。叫什麼名？

A：不少人都看到了，片名就叫《東邪西毒》，大概就是講東邪這個傢伙吸毒的事兒吧？

B：哈……你弄錯了，那叫《東邪西毒》，西毒是一個人的綽號！

A：不對吧，方才我還聽人說：「吸毒挺厲害呢！」

B：西毒的眞名叫歐陽鋒，人送外號「老毒物」，所以就稱他爲西毒了，西是「東西」的「西」，不是「吸氣兒」的「吸」！

A：東邪不吸毒呵！那麼這個西毒吸毒吧？你不是說人家管他叫「老毒物」嗎？

B：你眞是笑死人了！管他叫「老毒物」是因爲他心腸毒辣，並不是說吸毒。你呀，還是抽空看看這部電視連續劇吧！

上面這個事例，A與B本來是要討論吸毒問題的，因爲A沒有弄清電視劇的意思，結果與B愈扯愈遠。

《伊文子》一書中，也舉了一個類似的例子。

鄭國人把沒有經過雕琢的玉叫璞，周國人把沒有經過風乾醃製的老鼠叫璞。一天，周國的商人與鄭國的商人在市場上相遇。周國商人問鄭國商人：「買不買璞？」

鄭國商人回答說：「想買」。

於是兩人來到市場一角，周國商人從貨筐裡拿出璞，一股老鼠的腥臭味撲鼻而來。鄭國的商人摀著鼻子，弄清了事情的原委，連連推辭說：「不買璞」。

爲此，周國商人很不高興，說鄭國商人不講信用。

這個例子，也說明因沒有弄清對方的意思，而引起一場誤會和尷尬。

在與人交際，特別是論辯中，一定要先弄清對方的意思，再做回答。

墨子說：與人論辯，應該先弄通對方的意思後，再作回答。如果有人問：「知道羈嗎？」對方可以反問他：「你說的羈是什麼意思？」他回答：「就是羈旅那個『羈』的意思。」因爲羈還有馬籠頭之意。這樣一問，對方清楚了，也就不會出現答非所問的笑話。

「通意後對」是論辯中應該注意的一個重要法則，它告訴我們，在論辯中，不僅要弄清對方的論點再作答對，還有很重要的一點就是要求對方把話說清楚。

「通意」不僅是指己，也要求彼。

墨家提出這一法則後，引起了當時許多人的重視。陰陽家首領鄒衍出使趙國時，就運用墨家這一法則，批評了公孫龍的「白馬非馬」論。

他說：自己的論點，應該很清楚地表達出來，讓人清楚明瞭，而不要讓人迷惑不解。

牛馬不是牛，也不是馬

在柏拉圖的對話〈歐德謨斯〉篇中，描寫了古希臘狄翁尼索多魯斯和克特西普斯之間的一則論辯。

狄翁：你說你有一條狗，是嗎？

克特：是的，一條頂兇的狗。

狄翁：牠有小狗了吧？

克特：是的，牠們都跟牠長得很像。

狄翁：那牠是牠們的爸爸？

克特：是的，我明明看見牠跟小狗的媽媽在一塊。

狄翁：牠不是你的嗎？

克特：確確實實是我的。

狄翁：如此看來，牠又是爸爸，又是你的。故而牠是你的爸爸，小狗就是你的兄弟了。

這段論辯，狄翁尼索多魯斯就是在詭辯。其中的「牠又是爸爸」是指「牠是小狗的爸爸」，「牠是你的」是指「牠是你家的狗」。可是，狄翁尼索多魯斯偷換了這其中的含義，得出「牠是你的爸爸」的荒謬結論。

狄翁尼索多魯斯所使用的就是偷換概念的詭辯術。

關於偷換概念，墨家以牛與馬爲例，曾與人有過一段論辯。墨家說：說牛馬這個整體概念是牛和不是馬可以，說不是牛和是馬也可以。但是說「牛馬不是牛」不可以，說「牛馬是牛」也不可以。牛不是兩個個體，馬也不是兩個個體，但牛馬這個整體是兩個個體組成。因此，牛就是牛，馬就是馬，牛馬這個概念既不是牛，也不是馬。

墨家認爲，「牛馬」是由「牛」和「馬」這兩個不同的個體組成的集合概念。牛就是牛，馬就是馬，牛馬就是牛馬。集合不是個體，所以牛馬不是馬，也不是牛。

牛是牛、馬是馬這一論點，就是我們在邏輯學中經常強調的同一律，它用邏輯學符號來表示，就是：

A是A，B是B，AB是AB。

在論辯中，遵守同一律法則，辯論思想才具有確定性和首尾一貫性。不能前後不一，似是而非，既是又不是。

這，也是對論辯者最基本的要求。否則，就很容易使論辯離題萬里，或者流於詭辯。

「攻」與「誅」

〈小取〉中有：

「以辭抒意。」

其意是告訴人們要很好地運用辭來表達思想，並把它作爲整個思維過程的重要階段。

荀子在墨家的基礎上，對辭作了進一步的研究，他不僅界定了「辭」的含義，而且對「以辭抒意」作了發揮。

荀子解釋說：「辭」是通過幾個反映不同事物的名的結合，它表達一定的思想。

怎樣才算「以辭抒意」呢？

荀子立了兩條標準：一是辭必須清楚地表達其思想，二是言辭已經很清楚地表達了自己的思想，並爲論辯對方所理解，就行了，而不要再去添油加醋。

墨子在與人的論辯中，能夠很好地「以辭抒意」，充分表現了自己的口才與睿智。

墨子在去宋國的路上，碰到了儒家的信徒程子。兩人坐在道旁的大樹下，討論起儒、墨兩道。

程子頗有些瞧不起墨子，總是說儒家的道理如何如何深刻。

墨子針鋒相對，他對程子說：「儒家的道理有四條足以喪天下。」

程子聽後，大吃一驚，認爲墨子故意詆毀儒家，太不道德。

墨子笑著說，如果儒家沒有我說的這些缺點，那就是我「詆毀」；如果我說的是事實，那就是「非毀也，告聞也」。意思是你就不能說我是詆毀，而是告訴你，讓你知道。

墨子在這裡，明確指出了「詆毀」與「告聞」兩辭的意思。

齊、晉、楚、越四國的國君依仗國力強大，總喜歡藉機攻打周圍的小國。墨子對他們這種以大欺小、以強凌弱的做法，十分反感，認爲這是不義。

然而，這幾個國家的國君卻振振有辭，認爲以前禹征有苗、湯伐桀、武王伐紂，人稱他們是英明的君主，所以要向他們學習。

墨子反駁說，古代那些聖明的君主發動的正義討伐邪惡的戰爭，是「誅」；而你們今天發動的卻是侵略戰爭，是「攻」。

「誅」是正義的，「攻」是非正義的。

一「誅」一「攻」，就把要表達的辭意很清楚地表達出來了。

「以辭抒意」在日常生活和論辯中經常會遇到。

一次演講辯論賽中，有一個辯題是：「門當戶對是美滿婚姻的基礎」。照字面理解，「門當戶對」就是男女雙方家庭在地位、經濟等方面的條件相等，或者相差不大。男方的爸爸是工廠書記，女方的爸爸是學校校長，男方與女方家可以說是門當戶對。辯題認爲，這樣的婚姻是美滿婚姻的基礎。如果這樣解釋，作爲論辯的正方，非輸不可。但是正方略施小計，在「門當戶對」一詞上作文章，他們避開了通常所理解的「門當戶對」的意思，而是認爲「門當戶對」是一種比喻，比喻締結婚姻的雙方在家境、經歷、文化修養、社會地位以及性格、愛好等方面接近或趨於一致。這樣一來，形勢對正方就很有利了。在論辯中，正方緊緊抓住這

【軍事戰略】

歷史是戰爭推動的。墨家反對侵略，反對弱肉強食，但是國家一旦遭到外來侵略，墨家則主張堅決拿起武器。用戰爭消滅戰爭。用戰爭實現和平。

一、戰爭與和平

智伯好戰而亡

墨子在〈非攻〉裡，講了一個「智伯好戰」的故事。

晉國有六卿，即智伯、中行文子、范吉射、韓康子、趙襄子、魏桓子。其中，智伯最爲強大，他認爲自己土地廣博，人口衆多，可以在諸侯中爭第一，於是，悍然發動戰爭，先拿弱小的中行氏開刀。

得手後，智伯又攻滅了范氏，將三家地盤合成一塊。智伯的下一個目標就是趙襄子。很快，他就把趙襄子圍困在晉陽。眼看趙襄子就要被智伯吃掉，這時，魏、韓兩家商量說，古語有「唇亡齒寒」，如果趙襄子早上被消滅，我們晚上就會滅亡。還不如我們三家聯合起來，共同抗擊智伯。

於是，趙、韓、魏團結一致，裡應外合，將智伯打得大敗。

故事講完後，墨子總結說：君子不用水照自己而用人照自己，用水照，只能見到自己的面貌，用人對照自己，則可知道吉凶。現在用戰爭來解決利害衝突，為什麼不用智伯好戰而亡這面鏡子照一照呢？如果事先照一照鏡子，戰爭的結局是勝還是敗，就會很清楚了。

戰爭有正義與非正義之別。

以大欺小、以強淩弱，將自己的軍隊開到別國的土地上，為所欲為，其戰是非正義的。面對別國的侵略，拿起武器，奮力反抗，其戰是正義的。

不管軍隊多麼強大，武器多麼先進，發動非正義戰爭，必將以失敗告終。非正義一方也許會橫行霸道，逞兇一時，但得道多助，正義之戰一定會取得最後勝利。

反對侵略

魯陽文君是楚惠王時較大的封君。當時在宋、鄭兩國間，還有許多尚未開墾的空地。魯陽文君的封地正好跟宋、鄭兩國為鄰，他很想將那片空地據為己有，以擴大自己的地盤。於是，魯陽文君訓練軍隊，積極備戰，企圖用戰爭來達到目的。

墨子聽說後，找到魯陽文君，對他說：「有一個人家，家裡放著吃不完的牛羊豬肉，可是他看見人家做麵餅，就千方百計想偷來吃。不知道這個人是否得了偷竊病？」

魯陽文君回答道：「是得了偷竊病。」

墨子接著說：「楚國四境之內，還有廣大沒有開墾的土地，可是看見宋、鄭之間有空地，就想去占領，這跟那個偷麵餅的人有什麼不同呢？」

魯陽文君知道自己理虧，也就老老實實地回答：「沒有什麼不同，實在也是有偷竊病了。」

於是，魯陽文君下令，停止了戰爭準備。

墨子反對戰爭，他積極奔走各國，推行兼愛學說，反對侵略。墨子對戰爭起因進行了詳細分析，認為發生戰爭的原因不外乎四種：一是以戰爭為義，二是以戰爭謀利，三是以戰爭成名，四是以戰爭擴張。

戰爭有正義戰爭與非正義戰爭。但許多非正義之戰也是假正義之名進行的。為「正義而戰」最能矇騙世人，也最容易掩蓋戰爭惡跡。孟子說：「春秋無義戰」。墨子也這樣認為。

墨子把正義之戰稱為「誅」，而把非正義之戰稱為「攻」。〈非攻〉就是一篇讚揚「誅」的頌歌，討伐「攻」的檄文。在文章裡，墨子歷數了侵略戰爭的四大罪狀。

第一，違時誤農。

軍隊出征，冬天恐其寒冷，夏天恐其酷暑，只有春天和秋天最好。然而春天打仗，就會毀壞老百姓的莊稼果木，秋天打仗就會毀壞老百姓的收穫貯藏。農業生產的特點是「以時生財」，只有抓緊農時，才能「五穀常收」。而在這個時候，統治者興師動衆，大打戰爭，這必然要貽務農時，破壞農業生產。久而久之，人民就會饑寒凍餒。

第二，財廢國空。

爲了進行戰爭，必須訓練軍隊，製造武器，這樣就會奪民之食，廢民之利。舉國上下，投入戰爭，失敗了，喪財敗師，亡國破家；勝利了，也是元氣大傷，得不償失。

第三，掠財害民。

「好功伐之國」，動輒興兵數萬，連年征戰，使得農民有田不能種，有家不能回。攻下一個小城，殺人數萬，掠奪民財，給戰爭雙方的百姓帶來無窮盡的災難。

第四，征戰喪民。

治國要務，就是「富其國家，衆其人民，治其刑政，定其社稷」。而戰爭卻與此背道而馳，給國家和百姓帶來的是妻離子散，國破家亡。以戰爭求治，正如緣木求魚，愈是戰爭攻伐，離治國的目標愈遠。

墨子認爲攻伐是天下之巨害。

孟子說：「善戰者服上刑。」

侵略之戰必定會失敗。
侵略者絕無好下場。

呼喚和平

和平，是寶寶甜蜜的微笑，是學童琅琅的讀書聲，是清晨湛藍的天空，鴿哨由遠而近，又由近而遠。

戰爭，是瀰漫的硝煙，是滴血的屠刀，是萬人坑裡的累累白骨，是倚門而立的妻子企盼的目光。

和平是友愛，戰爭是仇殺。
和平是歡笑，戰爭是哀號。
和平是社會進步，國泰民安的前提。
戰爭意味著土地荒蕪，城池毀廢；意味著血流成河，屍骨遍野。
戰爭使好戰者一夜成名，遭殃的卻是黎民百姓。
和平下長大的人，不知道戰爭。經過戰爭洗禮的人，最懂得珍惜和平。人民反對戰爭，呼喚和平。

墨家也渴求和平，對戰爭持理智態度。

學生請教治國之道，墨子說：國家進行侵略、欺淩，就教他兼愛、非攻。

墨子還說：古代擁有天下的仁人，一定要反對大國攻戰之說，使天下人和睦，使四海之內的百姓團結一致，於是率領天下的百姓從事農業生產，作爲下臣對上帝山川鬼神的侍奉。這樣給別人的利益多，功勞又大，所以天讚賞他，鬼神使他富足，老百姓讚譽他，使他貴爲天子，富有天下，名聲立於天地之間，至今不朽。這就是智者理國的方法，也是先王能夠占有天下的緣故。

墨家提倡兼愛，抨擊攻伐；呼喚和平，反對戰爭。但是一旦戰爭不可制止時，則主張用積極的防禦戰來擊敗非正義的侵略戰爭。

面對戰爭販子，不能像小羊對待兇殘的狼那樣，與之講理乞求。而要以牙還牙，拿起武器，勇敢抵抗。

制止戰爭的最好辦法，就是戰爭。

二、防禦戰

墨子善守

善於守城和防禦，是墨家軍事學的一大特色。

東漢有個叫何休的經學家，對《春秋公羊傳》很有研究，他寫了一本書，就叫《公羊墨守》。意思是《春秋公羊傳》義理深遠，很難駁倒，就像墨子守城一樣堅不可摧。

明清之際的黃宗羲，也曾說「未嘗墨守一家」。由此，「墨守成規」成爲一句成語，流傳開來。

墨子善守，特別是在攻城防禦戰中積累了很多經驗。有一次，學生禽滑釐向墨子請教守城之法：「如今各地諸侯反叛周王之國，戰火正在天下興起，大國攻占小國，強國侵呑弱國，我要想守住小國，應該怎麼守才好？」

墨子反問道：「當今用什麼方法攻城？」

禽滑釐列舉了用雲梯、衝車、水攻、密集兵力強攻等十二種攻法。

墨子回答說：「把城池修好，守城的器械備好，這是其一；城中柴草糧食充足，軍隊上下團結，又能得到四鄰諸侯的救援，這是其二；守將具有守城的本領，又能得到國君的重用信任，這是其三。有了這三點，小城就能守住。」

墨子強調在防禦戰中，要注意保存有生力量，要有全局觀念。

不便於守禦的小城，要主動放棄，把力量集中到大城鎮防守；

大軍壓境，在城池周圍要採取堅壁清野的政策：

凡百步以內，毀掉所有的短牆，伐光大小樹木，不讓敵人有可利用的掩體。

城外的房屋一律要推倒，柴草木材以及一切可資利用的物品，都搬入城中，防止敵人利用其攻城。

水井要填平，不讓敵軍利用。

防禦戰應該是積極防禦，在防禦中採取進攻，在防禦中消耗和殲滅敵人。

一旦敵人到來，如果守的城大，就要出兵拒敵於城郭之外，這對守城有利。

守城以殺傷敵人爲主要任務，在防守中迅速創敵爲上策。

堅守陣地，拖延時間，等待救援到來。

不以攻守論強弱。

高明的棋手，首先鞏固自己的防地，設陣布局；看似被動，其實處處暗藏殺機，在與對手的周旋中，消耗其兵力；

足球場上，善於防守的球隊，能一次次化解對方的進攻。一次成功的防守反擊，就能置對方於死地；

以柔克剛，以靜制動，以退爲進，以守爲攻，在中國內家工夫中，更是運用到出神入化、爐火純青的地步。

楚漢相爭，項羽貌似強大，劉邦處處挨打。但項羽攻一次，敗一次；劉邦守一戰，勝一戰。

出色的將軍，不在於指揮軍隊進攻，而是組織隊伍防守。

保存有生力量，主動出擊，寓進攻殺敵於防禦中，最大限度地消滅敵人。這，就是墨子的禦敵之道。

致力備戰

不打無準備之仗。

準備充分與否，是戰爭勝敗的關鍵。

戰備、糧食、兵器，墨子將「備」放在首位，可見戰備的重要性不同一般。

墨子說：沒有訓練有素的軍隊，雖然正義在握，仍不能戰勝非正義的一方。沒有堅固的城牆，不可以防守住敵人的進攻。沒有戰爭的心理準備，不可能應付突然入侵之敵。

這一切，都離不開戰備二字。

有備無患。

養兵千日，用兵一時。

這些都是講的備戰。

備戰的內容很多。訓練軍隊，加固城牆，研製兵器，固然是戰備。還有很重要的戰備，就是老百姓的戰前動員。

在戰爭爆發之前，做好人民的戰備工作。既要讓老百姓知道戰爭的危害和殘酷，又要讓老百姓明白，只有奮起反抗，用鮮血和生命，才能保衛家園，贏得和平。這樣，戰爭一旦爆發，敵人大軍壓境，老百姓才不至於害怕和驚惶失措，就能拿起武器，參加到抗敵的隊伍中來。

還要動員、組織婦女參戰。婦女是一支不可小看的力量，平時要對婦女進行訓練，教授其軍事知識和殺敵本領，規定好各自的守城崗位。

一旦出現敵情，聽到集合的鼓聲，青壯年婦女要立刻放下手中的工作，從各家各戶走出來，到平時規定的崗位上去報到。男女分道而行，男行左，女行右，以最快速度到達指定地點，各就各位，準備迎敵。

此外，對兒童和老人，平時也要進行戰備訓練。一旦戰鬥打響，老人、兒童舉起各自的隊旗，可以馬上投入戰鬥。

男女老少皆爲兵，大打人民戰爭。讓來犯之敵陷入人民戰爭的汪洋大海之中。

致力備戰，最重要的是發動民衆。有了人民的支持，戰爭就穩操勝券了。

防守要訣

墨家軍事理論中的防守之道，可以用八個字來概括：「入守則固，出誅則強。」守則固若金湯，堅不可摧；攻則摧枯拉朽，所向披靡。

防守又是積極防守，要有進攻出擊意識。讓敵軍在進攻中充分暴露其火力和弱點，在防守中消耗敵有生力量，讓敵進攻成強弩之末，然後抓住戰機，進行反擊。

防守還應該注意的重要問題，就是選好防守的主要地點。

對軍事形勢要有清醒正確的分析，哪些地方可守，哪些地方不可守。有些地方可以守，有些地方不能夠守。守的地方，要堅決守住，不能夠守的地方，要主動放棄。只有這樣，才能減少無謂損失，避免失敗。

不能守城有五種情況：一是城大人口少，二是城小人口多，三是人多缺食物，四是集市離城太遠，五是城防器械還在城外，而富人不在城內。大約要有萬戶人家及方圓三里的地面，才能守得住城。

如果守城太大，人口少，勢必兵力分散，且城內沒有後備力量可以動員。如果守城小，人口太多，時間一長，城內的糧食等生活物品就會匱乏。集市離守城太遠，就很難補充給養，這會給守軍的後勤帶來影響。富人在當地，一般都有號召力，戰時動員，補充兵力和給養，都需要他們幫助，如果城內缺乏後勤補養，又沒有領頭人出面籌措，這城就很難守住。墨子在這裡提出的五不守，中心問題就是軍隊的後勤補養。只要後勤有保障，守城就有把握。

現代戰爭理論認爲，後勤是軍隊的保證。沒有後勤，就沒有軍隊，更談不上勝利。要做到入守則固，出誅則強，其要訣就是：後勤保障。

守臣須知

墨子把守軍將領分爲「令」與「守臣」。令負責城外防務，守臣負責守城，負責城內防務。

守臣應該牢記以下幾點：

第一，當敵人距城百里以上時，守臣應把地方官和軍隊中的各將領召集起來，發布命令，做好戰前動員。同時，把富貴人家的眷屬安置到官府附近居住，派可靠的人守衛他們，以防內部有變。做好這件事情的同時，一定要注意保密。

第二，如果敵人突襲，中軍應馬上擂鼓，通知部隊上城防守。同時，對全城進行戒嚴，城上城下，及大街小巷，應嚴禁通行，違者處斬。還要嚴令吏民不准喧嚣；不准兩人並行、三人以上聚會，或相互跟隨、拋擲物品、辯論；不准哭泣流淚，不准互相打手勢、呼叫、揮動旗幟；未經許可，不准窺探敵方動靜。這樣做，一是嚴肅城內紀律，二是防止有人叛亂，臨陣逃跑。

第三，分守各地的將吏，由守臣發給驗信的符節，守臣要隨時派人巡查，守城門的士兵要持信符驗證，凡信符不對或口令不合者，百長以上的官吏有權予以扣留，並馬上將情況上報守臣。凡外來使者、人士，一定要讓他們出示旗徽符節。應該扣留而未予以扣留，或卒吏隨便將人放走的，處斬。持有信符者進城後，官署應妥爲接待安置。來人想見兄弟、朋友，可以替他召來相見，但不能讓其進入里巷之家。

第四，守城的將領外出巡視回來，要先派親信通知家中，讓家屬出門迎接。將領進城後，要先向守臣報告巡視情況後，才能回家。

外地部隊協助城防，可監察本地部隊，本地部隊也可監察外地部隊。在防守的將士中，其家所在城邑已被敵人攻陷的，要謹防這些人叛逃，要時時查點他們的檔案名冊。來自同一個地區的士兵，不能同守一處。防止他們串通一氣，發生不測事件。

第五，根據城中街道和居民情況，將城區分爲八部，每部設一吏，每吏各有隨從四人，以便巡行街道，把居民中不參加守城但能計議事務的父老，按街道分爲四部，每部設里長一人，負責盤查往來行人，對不按規定時間出行或形跡可疑的人要嚴加追究，以防奸細乘虛而入。

第六，守城卒吏飲食起居不能隨便離開住所，不准在外邊就餐，不准夜宿不歸。守臣一定要細心留意前來進謁的人，以防他們心懷叵測。身邊所用之人，要舉薦正直廉潔、公正而能勝任工作的人，對他們在生活上可以適當放寬，可以飲食酒肉。金錢財物，讓他們自己保存。但是也要注意留心觀察和瞭解身邊的人，包括侍衛、秘書。身邊的人即使是婦女，也要留心。對這些人的家庭情況、思想狀況要有所瞭解。這些瞭解是多方面的。從他們平時的言談舉止、任務完成的情況來考察，就是其中一種。一旦發現異常，要認眞追查，不能有絲毫馬虎。

第七，敵人近在城下，城上守卒須隨時換防，但炊事兵不換。凡議論讚譽敵人，把少說成多，把亂說成治，把敵人拙劣的攻術說成是巧妙的攻術，就地處斬。守城兵吏不能與敵人對話，不得以物借敵。敵人用箭矢射來的書信，不准去拾閱，對敵人故意表示的親善，不准回應。城上嚴禁向敵人投射書信。違背以上命令的，本人身首懸於城門之上，還要連坐其父母、妻兒、兄弟等一同治罪。

第八，大敵近城，全城要實行宵禁。晚上擊鼓十下，各門亭均關閉，再出行者處斬。能在禁止通行的時間內通行的，只有守臣或持有守臣符節的人。天亮後，擊鼓放行。

第九，守臣負責全城的防務以後，要詢訪拜會城中的父老、知名人士、豪傑和地方官員，要尊重他們，關照他們，注意同他們處好關係。特別是對地方上的豪傑，守臣和地方行政長官要經常過問他們，宴請他們。同時，也要告訴他們不能擅自出入守城。爲了防止他們變心，要取其親屬作爲人質。人質的住所要靠近守臣住的地方。

戰爭，是流血，是死人。戰場上沒有親朋好友、父母兄弟，有的只是敵我與上級下級。軍令如山倒，指向東就要殺向東，指向西就要殺向西。沒有價錢可講，沒有道理可辯。軍法嚴明是勝利的保證。

令行禁止。防守是這樣，進攻也是如此。

偵察

墨子把偵探叫做「候」。

守臣進城負責防務，要做的第一件事，就是物色探候。找到後，將他們集中到宮室，供給他們生活給養，但是不能讓他們瞭解城防情況。探候有父母、妻兒的，可以讓他們與其住在一塊，給他們衣食酒肉，好好款待他們。探候執行任務回來，守臣要親自詢問情況。

守城需要明瞭敵軍情況。知己知彼，才能百戰百勝。探候的作用，不僅僅是瞭解敵情，有時，他還可以離間迷惑敵軍，起到作戰部隊起不到的作用。

西元前六二八年，秦穆公拜孟明視爲大將，準備趁鄭國的國君鄭伯死了、全國正在辦喪事之機，發兵偷襲鄭國。當軍隊走到滑國國境的時候，遇到一個叫弦高的人，他趕著十幾頭牛，要求拜見孟明視。弦高對孟明視說：「我們新的國君公子蘭聽說將軍要到敝國來，幫我們守衛北門，非常高興，特派我帶上肥牛，前來犒勞部隊。」

孟明視收下肥牛，謝了弦高，告訴他：「我們沒有來鄭國的打算，只是想進攻滑國罷了。」

原來打算偷襲鄭國，誰知鄭國已得到消息，如果強攻恐怕吃虧。孟明視不得已取消了進攻鄭國的計畫。

此時的公子蘭還沈浸在失去父王的悲痛之中，並不知道秦國要來攻打鄭國。那個叫弦高的人，其實是鄭國的一個探候，他在執行任務當中，發現秦軍壓境，而鄭國毫無準備，急中生智，便想出了這個高明的主意。

一個探候加十二頭肥牛，就嚇退了秦國的大軍。

探候不僅需要智，更需要勇。好則建功立業，不好就會丟掉性命。所以，墨子認爲，對探候要給予很高的待遇，任務完成得好，要給予很高獎賞。

所選探候必定是鄉邑中忠誠可靠的人，有父母妻兒的，要另建房舍，不要與衆人住在一起，照常供給酒肉食物。如果改派他人，所給報酬當如前一位探候。探候得來的情報，要認眞加以驗審，如果情報準確，要予以重賞。多次派出，情報多次準確，任務完成得好，更要重賞。

對於探候的獎賞，可以靈活掌握。如果其不願得賞，而願做官的，可以給他年俸二百石糧的職位，守臣還要親自爲他授印。如果探候深入到敵國國都搜集到有價值的情報，經過審驗情報是準確的，所得賞賜將是其他探候的兩倍。不願受賞而願爲官的，要許給他年俸三百石糧的職位。

探候職業的危險性，以及探候所起的作用，決定其應該得到很高的報酬。

重賞之下，必有勇夫。物質上的獎賞，精神上的鼓勵，可以使人有超凡的表現。

不要小看探候的作用，有時能勝過千軍萬馬，甚至改寫戰爭的勝負。

警戒

守好城防，還有一個應該注意的重要問題，就是巡防警戒，及時發現、儘快傳遞敵情。

《墨子》中的〈號令〉、〈雜守〉篇，對如何布置警戒，在警戒中發現敵情如何傳遞，作了詳盡描述：

出城擔任巡邏警戒任務的部隊離城不超過十里，要選擇高的地方樹立標誌，每個標誌由三名士兵看守。從這個地方到城內，共設三個標誌。與城上、烽火台遙相呼應。白天有了敵情，舉煙爲號；晚上有了敵情，舉火爲號。探聽到敵人來的方向，或觀察到敵人準備攻城的形跡，要保護老弱、糧食、畜產安全轉入城內。派出去巡邏的部隊人數不超過五十人，敵人到達城堞外，就馬上撤回，不要滯留。

爲了便於觀察敵人的活動，墨子建議在城牆上每百步要建一瞭望樓。瞭望樓高五丈，分三層。

警戒部隊的總數不要超過三百人，晚上派出去活動，要戴上標識便於聯絡。曠野及人來人往的要道口，要派人查勘敵人蹤跡。一里地不少於三人，每天清晨前往查勘，並樹立標誌。派出去巡邏的部隊可越過標誌巡邏。望見敵人，點燃一處烽煙通知守城部隊。敵人入境，就點兩處烽煙。敵人集於城外，點燃三處烽煙，通知鄰城部隊，敵人已到達城下。敵人開始進攻，則點燃四處烽煙，敵人接近大城，則點燃五處烽煙。

除樹立標誌和利用烽煙傳遞敵情外，墨家還制訂了舉旗和擊鼓傳遞訊息的辦法。這，大約是中國最早的軍事傳遞學。

墨家所描寫的戰爭，距今已有兩千多年。那一套傳遞敵情的辦法，現在看來也過於原始。時代的前進，帶來了戰爭的發展。但不管戰爭發展到如何現代化，軍事情報、訊息的傳遞始終是極重要的。

知己知彼，百戰不殆。

掌握敵情，就掌握了主動。有了主動，才有勝利。

三、守城十一法

墨子善守。除了有其戰略思想的指導外，還有一些切實可行的具體守城之法。墨子與學生禽滑釐討論守城戰術要領，概括起來有十一法。

雖然今天的現代化戰爭與那時的戰爭相比，有很大不同，但墨子闡述的守城要領及戰術技法，對現代化戰爭中防禦學仍有著重要的借鑒作用。

現將墨子介紹的守城十一法，分述如下。

破敵居高臨下攻城

禽滑釐向墨子請教：「如果敵人運來柴草泥土，築基成山，漸與守城相接，然後居高臨下，兵弩一齊上，企圖攻破城防。敵人的這種戰法怎樣破？」

墨子回答說：積土成山是笨辦法，它足以使士卒勞困，對城池不足以造成危害。對付它的辦法是，在敵人堆積小山的時候，守軍應馬上準備一些粗大的木料。待敵人積土築山完工以後，守軍隨即在城上用準備好的木料築一道行城。行城要高於敵人的土山，一般高約三十尺，橫伸出兩旁二十尺。在行城上安置強弓手，居高臨下，壓迫敵人。同時，還要設置用機械力量發射的弩車，用弩車向敵人發射密集的箭矢，射殺敵人。這樣，敵人築土山進攻就會遭到失敗。

墨子還介紹了弩車製作的技法：造弩車的木材，兩端一尺見方，長度根據城牆的厚薄而定。弩車下有兩個車軸、四個車輪。車箱高八尺，分上下兩層。車箱左邊和右邊各兩根木柱，把弓弩繫在柱子上，用弩牙鉤住弓弦。弩車的樞機外部用銅一百五十斤鑄成，用轆轤滑車拉開弓弦。弩車上裝有瞄準儀，弩臂能屈能伸，上下活動。箭矢分大箭和小箭。大箭要用絲繩繫住矢端，用轆轤車收回箭矢。大箭以六十支爲一個單位，射出去六十支大箭，要收回六十支。小箭不用收回。一部弩車由十人負責，看見敵人進攻，就發動弩車，從行城上射殺敵人。城上要用竹草等物，編織成遮障物，用來網羅敵軍射過來的箭矢。

破敵架雲梯攻城

禽滑釐問墨子：如果敵人多而勇猛，填塞了我們的護城河，軍隊向前推進，雲梯已安放好，攻城的戰具齊備，武士多，爭著上城，對此應該怎麼辦？

墨子回答說：雲梯是重兵器，移動困難，對付它的辦法，是在城上修建行城，雜樓相間，環繞其中，相互間的距離適度，中間設置遮攔物，距離不可太寬。

行城要建在城牆上，高出城牆二十尺。行城上加牆堞，堞高六尺，寬十尺，左右各伸出二十尺。堞上鑿出酒杯大的洞，洞口用物遮蓋。雜樓的高度與寬度，與行城同。

與此同時，在城外距城十尺的地方，築一道木藩籬。木藩籬厚十尺，將大小木材深埋於地下，使敵人不易於拔動，用以阻止敵人運動雲梯。城上對著藩籬的地方，要儲備投擲物。

事先準備好火炬，在城上每五步建一灶，灶內放炭火，當敵人攻到城下時，就燒火燻城門，敵軍的雲梯架到城牆上後，可用火炬往下投擲。同時，還要備好砍雲梯的劍和鑿，掀翻雲梯的衝撞器。安排五人持劍，十人持衝撞器，要選力氣大的士兵充當此任。當敵軍架上雲梯，開始爬牆時，一邊用火炬阻止，一邊用衝撞器或劍掀翻雲梯。這時，敵軍的攻勢必會放慢，處境會變得困難。守軍可利用這個機會，讓埋伏在城內的敢死隊員，以鼓聲爲令，從左右暗門衝出去攻擊敵人。如此這般，敵軍的雲梯進攻必定會失敗。

破敵以水攻城

城內的地勢比城外較低，容易積水，敵軍很可能採取築堤引水灌城的辦法破城。墨子提出了應對之策：城內及壕溝外的環城道，爲了防備水淹，要詳細瞭解四周地勢的高低。城內地勢偏低，叫人開渠洩水，在最低處往深處打井，讓水匯到地底下。在井牆上置測水用的瓦片，以觀水的深度，當城外水深一丈以上時，城內就要開渠排水。

除了開渠洩水法外，還有「決外堤」破敵之法。

將兩船並作一船，稱作「臨」。一般用十臨即可前去衝破敵人築的堤防。每臨載士兵三十人，帶上長矛、弓弩、鋤頭，頭戴盔，身披甲。這些士兵必須力氣大，並經過一定的訓練。視水可決的時候，將船隊派出。船上的士兵，一部分持鋤決堤，一部分持弩掩護。當船隊出發衝決敵人的外堤時，城上守兵用射機發射矢石，以助決堤。以鋤挖堤，以船衝堤，以破敵以水攻城。

破敵坑道攻城

以地道破城，是攻城中較爲厲害的一種戰術。在今天的現代化戰爭中，也時常使用。

一九九七年春的秘魯人質危機，長達三個多月，最後解決的辦法，就是利用地道。反恐怖部隊秘密在日本駐秘魯大使館下挖掘了長達數公尺的地道，然後由地底下突然「冒」出來，全殲恐怖分子，成功地解救出所有人質。

用地道攻城，重在攻其不備。所以，要防範敵人的地道，首先要善於發現敵人是否在挖地道。

墨子指出：要在城內建高樓，隨時隨地觀察敵人動向，看敵方有何變化。如果敵人築牆聚土的方法與平常不一樣，或其附近有濁水，那就是敵人在挖土打洞了。我方可迎著敵人的地道，從城內往外挖，以洞破洞，使敵人的陰謀不能得逞。

如果未知敵人地道所在，則在城內鑿井，五步一井，貼近牆腳。然後令陶工燒製口小肚大的瓦罌，用薄的生革皮緊緊地蒙住瓶口，放入井中。派聽力好的人伏在罌口聽是否有人在挖洞。以此查知敵人地道所在，然後挖地道迎敵。

以洞破洞的戰法之一，就是煙燻。讓製陶工人燒製瓦竇，每管長二尺五寸，粗六圍，從中垂直剖開為兩半，一半裡朝上，一半裡朝下，以便於放置燃燒的物質。合蓋後將接縫塗抹好，不使管內燻煙洩漏出來。地道的兩邊都放上瓦竇，地道挖到何處，瓦竇便一路安置。瓦竇下端接地，裡邊放上糠、炭，糠和炭要均勻拌合，注意不要壓緊，以便於空氣流通。再在地道口建灶，形如燒瓦的窯，將扭成球狀的艾草七八枚放在穴的兩邊作引火用。每灶用四台風箱，用以鼓火。快接近敵軍的地道時，敵軍的地道可能高於我方，也有可能低於我方。這個時候，要馬上作出正確的判斷，調整好方位，迅速接近敵人。當地道與敵軍相遇時，用桔槔將相隔的土層鑿破。這個時候要注意，只防禦，不追逐，故意且戰且敗，誘敵深入。然後急鼓起風箱用煙燻敵，守方士兵轉入預先挖好的甬洞中，關上洞門，門上留一小孔，以便觀察地道裡的敵軍。拉風箱的人一定要熟悉風箱的性能，不能擅離灶口。

要準備一塊大木板，叫連板。連板的大小與地道一致，地道挖到什麼地方，連板同時推進到什麼地方。在連板上或疏或密地鑿幾個孔，孔的大小要能夠穿矛和通煙管。當瓦竇煙管阻塞時，用矛鑿通。當守方掘的地道與敵方地道相遇時，就用連板阻敵。在地道中要隨時聽周圍的動靜，如果知道敵方正在往我方挖掘，應馬上阻絕，不能讓其前進。如果我方衝進敵人的地道，必須馬上用塗了泥的柴阻敵，使之不能燒毀我方的連板。這樣，敵人挖地道攻城，就會遭到失敗。

敵人突然攻至城下，迅疾而非同尋常。這時，就要認眞加以防範，應懷疑敵人已挖了地道。要一邊拒敵，一邊趕緊挖地道破敵。

此外，要準備四尺長的鐵鉤，打通敵軍的地道後，用來鉤敵。還要多準備一些醋，用大盆裝好，置放於地道中，敵人如果用煙燻，可以將眼睛對著醋，或者用醋洗眼，這樣就可以防止敵人使用煙燻。

破敵密集兵力攻城

禽滑釐問墨子，如果敵人密集隊形，瘋狂進攻，緣城而上，後面有當官的督戰，後上的將要斬首。敵人鑿城爲基，掘地爲室，部隊奮力爬城不止，後隊猛發弓矢支援，面對這種情況，應該怎麼辦？

墨子回答道：敵人如螞蟻般湧來緣城而上，這是敵人準備以死相拚，進行決戰，對付的辦法是居高臨下，予以射擊，發動校機壓迫敵人，拔除一切可以依託的物體，燒開水往敵人頭上倒，燃燒用竹編的遮答覆蓋敵人，從城上投沙石勢如雨下。這樣，敵人密集兵力爬城進攻必然會遭到失敗。

為對付敵人密集兵力攻城，墨子還製造了吊箱和傳湯兩種武器。吊箱，是用厚兩寸的木板做成，前後寬三尺，兩邊長五尺，箱高五尺。同時，還要造一架滑車，滑車的轉輪直徑為六寸。用鐵鎖勾繫吊箱上端的橫木，轉動滑輪，命四個力士人手持二丈四尺長的長矛，站在吊箱裡，隨著吊箱的滑動，上下刺殺爬城的敵人。吊箱二十步置一個，在敵人攻擊線上，要六步置一個。

傳湯，是將兩個大輪子束在一根大木料上，兩輪相距要寬，大木料兩端要像尖矛一樣銳利，木料及車輪都要抹上泥土，以防火燒。兩輪中間要放滿柴草等易燃物，旁置荊棘。把它放在面對敵人的攻線上，敵人如果密集兵力，蜂擁爬城，就燃放傳湯，割斷繫繩，讓車輪從城上墜下，燒殺敵人。這時，命令勇士出擊，墜落的車輪可以為勇士們開路。

此外，還可以製作裝滿柴草等易燃物的竹答，竹答長寬各一丈二尺，用鐵索勾繫竹答的兩端。敵人如果爬城而上，立刻燃燒竹答，覆蓋敵人。

挫敗敵人蜂擁爬城，還可以在城外安置木藩籬，離城牆約十尺。木藩籬厚度為十尺，高度也為十尺，深埋於地下，捶緊固，使敵人不易拔動。城下還可多埋削尖的木樁，犬牙交錯豎立，每行距離三尺，插入地下三尺。這樣，就可以延緩敵人的進攻速度，破其密集進攻。

四、勇敢精神與紀律

說「勇」

墨家強調「勇」。

從墨子到他的學生，個個都可以稱得上是勇士。爲了實現理想，前仆後繼，勇而爲之，哪怕是赴湯蹈火，也在所不惜。所以，漢初劉邦的謀士陸賈說：「墨子之門多勇士。」

戰爭是生死的較量，也是勇敢與怯懦的較量。在戰場上，墨子提倡拚死防守，以死爲榮，認爲戰爭勝敗的關鍵就在於勇。

兩強相遇勇者勝。

打仗雖然講究陣法，但最根本的是部隊的「勇」。

什麼是「勇」？

墨子解釋說：勇，就是敢作敢為。

認準了的事情，敢於去做，是勇；沒有認準的事情，不去做，這並不妨礙稱之為勇。

墨家提倡的「勇」，是有選擇性的。勇，並不是粗魯莽撞，為所欲為。該勇敢的時候，就應該奮勇向前。不該勇敢的時候，則不要亂說亂動。

戰場上的勇，不是與生俱來的，而是靠平時的訓練和鼓勵。

越王句踐好勇，對士兵也著重訓練其勇猛精神。他在一次軍事演習中，故意放火燒船，告訴士兵越國的寶貝都在這艘船裡，親自擂鼓，命令他們趕快去救。士兵們衝向火海，死者百餘。

平時加強訓練，戰時才能勇往直前。

勇是與力量結合在一起的。力，是勇的基礎。力也要靠平時訓練。吳王闔閭訓練士兵，讓他們穿著鎧甲，拿著兵器，奔跑三百里，才能休息。墨子對這種訓練方法頗為欣賞。

墨子多次提到，在戰場上，要組織敢死隊。在防守當中，當敵人攻城遭到失敗，部隊退卻的時候，要讓事先布置好的敢死隊衝出城去，重創敵人。對戰場上表現突出的勇士，要進行獎勵。對挑選出來的敢死隊員，要給予他們特殊的待遇，不僅對他們本人，對他們的父母、妻子、親戚，也要給予特殊照顧。只有這樣，才能調動人們的勇猛精神，奮勇殺敵。

智・勇・德

墨子對駱滑氂說：「我聽說你好勇。」

駱滑氂回答說：「是的，我只要聽說哪個鄉有勇士，我必定立即把他殺了。」

墨子說：「天下沒有誰不想發展他所愛好的，廢除他所憎惡的。如今你聽說哪個鄉有勇士，就必定立即把他殺了，這證明你不是好勇，而是討厭勇呢。」

駱滑氂自以爲自己是天下最勇敢的人。凡是哪裡有勇士，他必然前往較量，把他殺掉，然後自我吹噓。他以爲這才是勇。

墨子反對這種粗魯蠻幹的做法。

勇，應包括著理智和正義。眞正好勇，應該是提倡勇、鼓勵勇，爲正義而戰，勇往直前。而不是失去理智的瞎幹蠻幹，胡作非爲。

胡非子是墨家傳人，他對墨學很有研究。有一個叫屈將子的人，爲人勇猛。他聽說墨家主張非鬥，很不以爲然，於是掛劍前往拜見胡非子。在路上，他攔住了胡非子，十分無理地對他說：「我聽說先生主張非鬥，而作爲將軍則應該強調勇。這如何解釋？你要是解釋得通，就算了。要是解釋不通，就將死於我的劍下。」

胡非子回答說：「我聽說勇有五等。背負長劍進深山，與野獸搏鬥，這是獵人之勇；背負長劍下到深水，斬殺蛟龍，這是漁人之勇；登高陟危，面不改色，這是陶工之勇；遇到不順心看到不順眼的事，動輒拿刀砍殺，這是罪犯的違法之勇；齊桓公打算進攻魯國，魯國的國君爲此憂心如焚，三日不食。曹劌聽說後，面見齊桓公，舉劍以死相逼，迫齊桓公退兵。齊桓公自知理虧，只好退兵與魯國結盟。曹劌只是一個平民百姓，爲了國家的利益，敢於血濺齊君，這就是君子之勇。以上五勇，各有不同，你認爲哪一個最好？」

屈將子沒有正面回答胡非子的問話，連連點頭稱「是」，解下長劍，要拜胡非子爲老師。

由此可知，勇又與德和智緊密相連的。有勇無德，有勇無謀，都算不上是眞正的勇。

勇，是勇往直前的大無畏精神。

勇，應該是文武兼備，有德有謀。

勇，不僅僅是指戰時。愛情、生活、學習，都需要勇。

用勇，去戰勝困難，樹立信心；用勇，去面對生活，擁抱人生。

獎賞

兵家吳起認爲，要想取得勝利，必須：

「進有重賞，退有重刑，行之以信。」

商鞅也曾說過：

「賞，則兵無敵。」

獎賞可以調動士兵的積極性，鼓勵他們勇猛殺敵。

墨家極爲強調軍隊紀律，重視賞罰在戰爭中的作用。

《墨子》中有〈號令〉一篇，專章制定了詳盡的獎罰制度，對立下戰功的，予以重獎。對違犯軍紀的，予以重罰。通過獎罰，嚴肅軍紀。

墨子制定的獎賞，主要針對以下幾類士兵：

第一，勇敢殺敵的人。

在戰場上奮力作戰，擊潰敵人的進攻，並且勇猛追殺重創敵人的勇士，每隊要選出兩名，予以重獎。

粉碎敵人的進攻，戰勝敵人的包圍，封守城將爲侯，賞賜土地三十里；副將賜給上卿的官職，其他的官吏也論功行賞，給予晉級賞賜；對於參與守城的有功男子，賜給爵位，女子賞錢五千，其餘不分老少，凡參與防守的，每人賞錢一千，免除三年賦稅。

第二，發現或抓獲罪犯的人。

對挺身而出，敢於向軍隊中違紀現象作鬥爭的人，要予以獎賞。如捉拿通敵叛國的人，要封一千至兩千戶食邑。捉拿到謀殺長官的人，賞金二十斤。發現犯罪分子，能抓獲或報告者，要給予重獎，並給他官做。

第三，提供情報的人。

派出去的偵探，所獲的情報三次都很準確，要加重獎賞。如果不願受賞願意做官的人，要給予兩百石的官階。對深入敵國都城搜集到準確情報的人，要加倍賞賜，如不願受賞而願做官的人，要封三百石的官階。

此外，對於交納軍糧、牲畜、錢物有功的人，也要給予獎勵。

獎賞不僅僅是物質的，墨家還十分注重精神鼓勵。

墨子認爲，對三次擊退敵兵戰功顯赫的人，要授予他一面大旗，旗上寫上「某君之旗」。要把這面大旗插在勇士的軍營中，讓其他士兵都知道他立有戰功，向他學習。

對於爲守城立下戰功的勇士或犧牲的烈士，守城將領一定要親自將慰問賞賜品送到其父母住的地方，讓周圍的人目睹主將對他們的恩賜，更加仇恨敵人，激勵將士，勇猛殺敵。

懲罰

沒有嚴明的紀律，就沒有戰爭的勝利。

為了嚴肅紀律，做到令行禁止，墨子制訂了詳細的懲罰條例，主張對違反軍規的人嚴懲不貸，不能寬恕。〈號令〉篇中，對違紀將士的懲罰，大致分為四個方面。

一、對違反守城禁令者，列出了十七條可殺之罪。

官吏、兵士和百姓仿製敵人的服飾和旗幟的，殺；

不服從軍令指揮的，殺；

擅發號令的，殺；

延誤軍令的，殺；

不回應號令而胡叫亂喊的，殺；

放走罪犯，遺失公物的，殺；

長敵人威風，滅我方志氣的，殺；

擅離職守，聚衆瞎談，美化敵人，動搖軍心的，殺；

聽到鼓聲五遍以後，還不能趕到自己崗位的，殺；

未經允許，擅自進入他人防守地點的，殺；

姦淫婦女，拐賣兒童的，殺；

沒有通行證，在軍中亂竄的，殺；

擅自拾撿敵人用箭射來的書信，不經過允許擅自與敵人城上城下對話的，殺。

此外，在守城之時，不得與陌生人交談；不得借東西給陌生人；不得請人攜帶私人信件出城；有其他人到自己的崗位上瞎竄，應該馬上將其抓起來。違反這些紀律的，統統處斬。

二、嚴重瀆職的官吏，也要處以死刑。

如果負責管轄某一地區的官吏，沒有預先察覺並抓獲圖謀通敵的人，一律處死；

發生火災，而隱匿不報的，處死；

作戰時，有士兵沒按作戰要領，違反軍規，帶隊的將官要處以死刑；

有軍情須緊急上報，貽誤了上報時間的人，要問死罪。

三、犯有重罪者，要受酷刑，並株連親友。

當內奸，叛變投敵，要判重罪。圖謀通敵的主犯，連同其妻兒、父母、兄弟一同處車裂之刑；街坊和里長事先不察者，一同處死。

在城內替敵人出謀劃策者，滅三族。

自己故意致殘，企圖逃避上戰場，或者在戰場上臨陣脫逃，處以死刑，並罪連三族。

四、對一般違紀者，也要處以刑罰。

如在軍中奏樂下棋、嬉戲玩耍或唱歌哭號；放縱牛馬，擅自駕車奔跑；不遵守作息時間；辦事拖拉等，要判處以箭穿耳的刑罰。

對犯有一般過失的人，要讓其打掃廁所，以示懲罰。

立功賞，違紀罰。賞罰分明，才能打勝仗。

軍紀，是戰爭勝利的基礎。

獎賞，是維護軍紀的保證。

◎附錄：墨子語錄

入國而不存其士，則亡國矣。見賢而不急，則緩其君矣。非賢無急，非士無與慮國。緩賢忘士，而能以其國存者，未曾有也。

——〈親士〉

是故君子自難而易彼，衆人自易而難彼。君子進不敗其志，內究其情，雖雜庸民，終無怨心，彼有自信者也。

——〈親士〉

臣下重其爵位而不言，近臣則喑，遠臣則唫，怨結於民心，諂諛在側，善議障塞，則國危矣。

——〈親士〉

歸國寶不若獻賢而進士。

——〈親士〉

太盛難守也。

——〈親士〉

故雖有賢君，不愛無功之臣；雖有慈父，不愛無益之子。——〈親士〉

不勝其任而處其位，非此位之人也；不勝其爵而處其祿，非此祿之主也。——〈親士〉

良弓難張，然可以及高入深；良馬難乘，然可以任重致遠；良才難令，然可以致君見尊。——〈親士〉

是故江河不惡小谷之滿己也，故能大。聖人者，事無辭也，物無違也，故能爲天下器。——〈親士〉

君子戰雖有陳，而勇爲本焉。——〈修身〉

士雖有學，而行爲本焉。——〈修身〉

是故置本不安者，無務豐末。——〈修身〉

事無終始，無務多業。——〈修身〉

舉物而闇，無務博聞。——〈修身〉

譖慝之言，無入之耳；批扞之聲，無出之口。——〈修身〉

君子之道也，貧則見廉，富則見義，生則見愛，死則見哀，四行者不可虛假，反之身者也。——〈修身〉

故君子力事日強，願欲日逾，設壯日盛。——〈修身〉

志不強者智不達，言不信者行不果。——〈修身〉

原濁者流不清，行不信者名必耗。——〈修身〉

據財不能以分人者，不足與友；守道不篤、遍物不博、辨是非不察者，不足與遊。——〈修身〉

名不徒生，而譽不自長。——〈修身〉

務言而緩行，雖辯必不聽；多力而伐功，雖勞必不圖。——〈修身〉

慧者心辯而不繁說，多力而不伐功，此以名譽揚天下。——〈修身〉

言無務為多而務為智；無務為文而務為察。——〈修身〉

善無主於心者不留，行莫辯於身者不立。——〈修身〉

名不可簡而成也，譽不可巧而立也。——〈修身〉

思利尋焉，忘名忽焉，可以為士於天下者，未嘗有也。——〈修身〉

善為君者，勞於論人，而佚於治官。不能為君者，傷形費神，愁心勞意，然國逾危，身——〈修身〉

逾辱。——〈所染〉

其友皆好仁義，淳謹畏令，則家日益、身日安、名日榮。——〈所染〉

天下從事者不可以無法儀，無法儀而其事能成者無有也。——〈法儀〉

雖至士之爲將相者，皆有法；雖至百工從事者，亦皆有法。——〈法儀〉

法不仁，不可以爲法。——〈法儀〉

天之所欲則爲之，天所不欲則止。——〈法儀〉

愛人利人者，無必福之；惡人賊人者，天必禍之。——〈法儀〉

天欲人相愛相利，而不欲人相惡相賊也。——〈法儀〉

愛人利人以得福者有矣；惡人賊人以得禍者亦有矣。——〈法儀〉

凡五穀者，民之所仰也，君之所以爲養也，故民無仰則君無養。——〈七患〉

民無食則不可事，故食不可不務也，地不可不力也，用不可不節也。——〈七患〉

時年歲善，則民仁且良；時年歲凶，則民吝且惡。——〈七患〉

財不足則反之時，食不足則反之用；城郭不備全，不可以自守；心無備慮，不可以應卒。——〈七患〉

故倉無備粟，不可以待凶饑。庫無備兵，雖有義不能征無義。——〈七患〉

備者國之重也；食者國之寶也；兵者國之爪也。——〈七患〉

節於身，誨於民，是以天下之民可得而治，財用可得而足。——〈七患〉

國貧而民難治也。〈辭過〉

凡費財勞力，不加利者，不爲也。〈辭過〉

君實欲天下之治而惡其亂也，當爲宮室不可不節。〈辭過〉

奢侈之君御好淫僻之民，欲國無亂不可得也。〈辭過〉

君實欲天下之治而惡其亂，當爲衣服不可不節。〈辭過〉

其用財節，其自養儉，民富國治。〈辭過〉

君實欲天下之治而惡其亂，當爲食飲不可不節。〈辭過〉

姦邪多則刑罰深，刑罰深則國亂。〈辭過〉

君實欲天下治而惡其亂，當爲舟車不可不節。

——〈辭過〉

儉節則昌，淫佚則亡。

——〈辭過〉

婦節而天地和，風雨節而五穀孰；衣服節而肌膚和。

——〈辭過〉

國有賢良之士衆，則國家之治厚；賢良之士寡，則國家之治薄。

——〈辭過〉

大人之務，將在於衆賢而已。

——〈尚賢上〉

必且富之，貴之，敬之，譽之，然後國之良士，亦將可得而衆也。

——〈尚賢上〉

列德而尚賢，雖在農與工肆之人，有能則舉之，高予之爵，重予之祿，任之以事，斷予之令。

——〈尚賢上〉

以德就列，以官服事，以勞殿賞，量功而分祿。——〈尚賢上〉

故官無常貴，而民無終賤，有能則舉之，無能則下之。——〈尚賢上〉

得士則謀不困，體不勞，名立而功成。——〈尚賢上〉

得意賢士不可不舉，不得意賢士不可不舉。——〈尚賢上〉

尚賢者，政之本也。——〈尚賢上〉

自貴且智者，為政乎愚且賤者，則治；自愚賤者，為政乎貴且智者，則亂。——〈尚賢中〉

故古者聖王甚尊尚賢而任使能，不黨父兄，不偏貴富，不嬖顏色，賢者舉而上之，富而貴之，以為官長；不肖者抑而廢之，貧而賤之，以為徒役。——〈尚賢中〉

故可使治國者，使治國；可使長官者，使長官；可使治邑者，使治邑。凡所使治國家、

官府、邑里，此皆國之賢者也。——〈尚賢中〉

賢者之治國也，蚤朝晏退，聽獄治政，是以國家治而刑法正。——〈尚賢中〉

賢者之長官也，夜寢夙興，收斂關市、山林、澤梁之利，以實官府，是以官府實而財不散。——〈尚賢中〉

賢者之治邑也，蚤出莫入，耕稼、樹藝、聚菽粟，是以菽粟多而民足乎食。——〈尚賢中〉

故國家治則刑法正，官府實則萬民富。——〈尚賢中〉

外者諸侯與之，內者萬民親之，賢人歸之，以此謀事則得，舉事則成，入守則固，出誅則強。——〈尚賢中〉

賢人唯毋得明君而事之，竭四肢之力以任君之事，終身不倦。——〈尚賢中〉

謹其言，愼其行，精其思慮，索天下之隱事遺利，以上事天，則天鄉其德，下施之萬民，萬民被其利，終生身已。——〈尚賢中〉

有力者疾以助人，有財者勉以分人，有道者勸以教人。——〈尚賢下〉

國君唯能壹同國之義，是以國治也。——〈尚同上〉

故古者聖王之爲刑政賞譽也，甚明察以審信。——〈尚同中〉

舉天下之人，皆欲得上之賞譽，而畏上之毀罰。——〈尚同中〉

唯以其能一同其國之義，是以國治。——〈尚同中〉

是以謀事得、舉事成、入守固、出誅勝者，何故之以也？曰唯以尚同爲政者也。——〈尚同中〉

將以治民也，譬之若絲縷之有紀，而網罟之有綱也。——〈尚同中〉

若苟上下不同義，賞譽不足以勸善，而刑罰不足以沮暴。——〈尚同中〉

是故上下情請爲通。——〈尚同中〉

上有隱事遺利，下得而利之；下有蓄怨積害，上得而除之。——〈尚同中〉

故古者聖人之所以濟事成功，垂名於後世者，無他故異物焉，曰唯能以尚同爲政者也。——〈尚同中〉

賞當賢，罰當暴，不殺不辜，不失有罪，則此尚同之功也。——〈尚同中〉

富其國家，衆其人民，治其刑政，定其社稷，當若尚同之不可不察，此之本也。——〈尚同中〉

知者之事，必計國家百姓所以治者而爲之，必計國家百姓之所以亂者而辟之。——〈尚同下〉

上之爲政，得下之情則治，不得下之情則亂。——〈尚同下〉

善人賞而暴人罰，則國必治。——〈尚同下〉

善人不賞而暴人不罰，爲政若此，國衆必亂。——〈尚同下〉

愛民不疾，民無可使。——〈尚同下〉

聖人以治天下爲事者也，必知亂之所自起，焉能治之；不知亂之所自起，則不能治。譬之如醫之攻人之疾者然，必知疾之所自起，焉能攻之；不知疾之所自起，則弗能攻。——〈兼愛上〉

聖人以治天下爲事者也，不可不察亂之所自起，當察亂何自起，起不相愛。——〈兼愛上〉

若使天下兼相愛，愛人若愛其身。——〈兼愛上〉

故天下兼相愛則治，交相惡則亂。——〈兼愛上〉

凡天下禍簒怨恨，其所以起者，以不相愛生也。——〈兼愛中〉

天下之人皆相愛，強不執弱，衆不劫寡，富不侮貧，貴不傲賤，不欺愚。——〈兼愛中〉

愛人者，人必從而愛之；利人者，人必從而利之。——〈兼愛中〉

惡人者，人必從而惡之；害人者，人必從而害之。——〈兼愛中〉

今天下之君子，忠實欲天下之富，而惡其貧；欲天下之治，而惡其亂，當兼相愛，交相利，此聖王之法，天下之治道也，不可不務爲也。——〈兼愛中〉

高士於天下者，必爲其友之身，若爲其身，爲其友之親，若爲其親，然後可以爲高士於天下。——〈兼愛下〉

故兼者聖王之道也，王公大人之所以安也，萬民衣食之所以足也。——〈兼愛下〉

故君子莫若審兼而務行之，爲人君必惠，爲人臣必忠，爲人父必慈，爲人子必孝，爲人兄必友，爲人弟必悌。——〈兼愛下〉

爲政於國家者，情欲譽之審，賞罰之當，刑政之不過失。——〈非攻中〉

國家發政，奪民之用，廢民之利，若此甚衆，然而何爲爲之？——〈非攻中〉

情欲得而惡失，欲安而惡危，故當攻戰而不可不非。——〈非攻中〉

古者有語曰：君子不鏡於水而鏡於人，鏡於水，見面之容，鏡於人，則知吉與凶。——〈非攻中〉

人勞我逸，則我甲兵強。——〈非攻下〉

寬以惠，緩易急，民必移。——〈非攻下〉

易攻伐以治我國，攻必倍。——〈非攻下〉

督以正，義其名，必務寬吾衆，信吾師，以此授諸侯之師，則天下無敵矣。

——〈非攻下〉

聖人爲政一國，一國可倍也；大之爲政天下，天下可倍也。其倍之非外取地也，因其國家，去其無用之費，足以倍之。

——〈非攻下〉

聖王爲政，其發令興事，使民用財也，無不加用而爲者，是故用財不費，民德不勞。

——〈節用上〉

去無用之費，聖王之道，天下之大利也。

——〈節用上〉

古者明王聖人，所以王天下、正諸侯者，彼其愛民謹忠，利民謹厚，忠信相連，又示之以利，是以終身不饜，歿世而不卷。

——〈節用上〉

俛仰周旋威儀之禮，聖王弗爲。

——〈節用中〉

諸加費不加民利者，聖王弗爲。

——〈節用中〉

細計厚葬，多爲埋賦之財者也；計久喪，為久禁從事者也。 ——〈節用中〉

天下貧則從事乎富之，人民寡則從事乎眾之，眾而亂則從事乎治之。 ——〈節用中〉

財以成者，扶而埋之；後得生者，而久禁之，以此求富，此譬猶禁耕而求獲也，富之說無可得焉。 ——〈節葬下〉

今唯無以厚葬久喪者為政，國家必貧，人民必寡，刑政必亂。 ——〈節葬下〉

上不聽治，刑政必亂；下不從事，衣食之財必不足。 ——〈節葬下〉

為人子者，求其親而不得，不孝子必是怨其親矣；為人臣者，求之君而不得，不忠臣必且亂其上矣。 ——〈節葬下〉

衣食者，人之生利也，然且猶尚有節；葬埋者，人之死利也，夫何獨無節於此乎？ ——〈節葬下〉

死則既以葬矣，生者必無久哭，而疾而從事，人爲其所能，以交相利也。——〈節葬下〉

今天下之士君子，中請將欲爲仁義，求爲上士，上欲中聖王之道，下欲中國家百姓之利，故當若節喪之爲政。——〈節葬下〉

天欲義而惡不義。然則率天下之百姓以從事於義，則我乃爲天之所欲也。——〈天志上〉

我爲天之所欲，天亦爲我所欲。——〈天志上〉

天下有義則生，無義則死；有義則富，無義則貧；有義則治，無義則亂。——〈天志上〉

然則天欲其生而惡其死，欲其富而惡其貧，欲其治而惡其亂，此我所以知天欲義而惡不義也。——〈天志上〉

義者政也，無從下之政上，必從上之政下。——〈天志上〉

順天意者，兼相愛，交相利，必得賞。反天意者，別相惡，交相賊，必得罰。——〈天志上〉

順天意者，義政也。反天意者，力政也。——〈天志上〉

處大國不攻小國，處大家不篡小家，強者不劫弱，貴者不傲賤，多詐者不欺愚。此必上利於天，中利於鬼，下利於人，三利無所不利，故舉天下美名加之，謂之聖王。——〈天志上〉

處大國攻小國，處大家篡小家，強者劫弱，貴者傲賤，多詐欺愚。此上不利於天，中不利於鬼，下不利於人。三不利無所利，故舉天下惡名加之，謂之暴王。——〈天志上〉

我有天志，譬若輪人之有規，匠人之有矩，輪匠執其規矩，以度天下之方圜。——〈天志上〉

天下之君子之欲爲仁義者，則不可不察義之所從出。——〈天志上〉

義者，善政也。——〈天志中〉

天下有義則治，無義則亂，是以知義之爲善政也。——〈天志中〉

天子爲善，天能賞之；天子爲暴，天能罰之。——〈天志中〉

天之意不欲大國之攻小國也，大家之亂小家也，強之暴寡，詐之謀愚，貴之傲賤，此天之所不欲也。不止此而已，欲人之有力相營，有道相教，有財相分也。又欲上之強聽治也，下之強從事也。上強聽治，則國家治矣；下強從事，則財用足矣。——〈天志中〉

刑政治，萬民和，國家富，財用足，百姓皆得暖衣飽食，便寧無憂。——〈天志中〉

且吾所以知天愛民之厚者，不止此而足矣。曰殺不辜者，天予不祥。不辜者誰也？曰人也。予之不祥者誰也？曰天也。——〈天志中〉

觀其行，順天之意，謂之善意行；反天之意，謂之不善意行。——〈天志中〉

觀其言談，順天之意，謂之善言談；反天之意，謂之不善言談。——〈天志中〉

觀其刑政，順天之意，謂之善刑政；反天之意，謂之不善刑政。——〈天志中〉

天下之所以亂者，其說將何哉？則是天下士君子，皆明於小而不明於大。——〈天志中〉

戒之愼之，必爲天之所欲，而去天之所惡。——〈天志下〉

順天之意者，兼也；反天之意者，別也。——〈天志下〉

仁義也，忠惠也，慈孝也，是故聚斂天下之善名而加之。——〈天志下〉

仁之事者，必務求興天下之利，除天下之害，將以爲法乎天下。利人乎，即爲；不利人乎，即止。——〈非樂上〉

民有三患：饑者不得食，寒者不得衣，勞者不得息，三者民之巨患也。

賴其力者生，不賴其力者不生。——〈非樂上〉

君子不強聽治，即刑政亂；賤人不強從事，即財用不足。——〈非樂上〉

必立儀，言而毋儀，譬猶運鈞之上而立朝夕者也。——〈非樂上〉

義人在上，天下必治。——〈非命上〉

入則孝慈於親戚，出則弟長於鄉里，坐處有度，出入有節，男女有辨。是故使治官府，則不盜竊，守城則不崩叛，君有難則死，出亡則送。——〈非命上〉

執有命者之言，不可不非，此天下之大害也。——〈非命上〉

必使饑者得食，寒者得衣，勞者得息，亂者得治。——〈非命下〉

強必治，不強必亂；強必寧，不強必危。——〈非命下〉

強必貴，不強必賤；強必榮，不強必辱。——〈非命下〉

強必富，不強必貧；強必飽，不強必饑。——〈非命下〉

強必富，不強必貧；強必暖，不強必寒。——〈非命下〉

命者，暴王所作，窮人所術，非仁者之言也。——〈非命下〉

仁人以其取捨是非之理相告，無故從有故也，弗知從有知也，無辭必服，見善必遷。——〈非儒下〉

仁人事上竭忠，事親得孝，務善則美，有過則諫，此爲人臣之道也。——〈非儒下〉

道術學業仁義者，皆大以治人，小以任官，遠施周偏，近以修身，不義不處，非理不行，務興天下之利，曲直周旋，利則止，此君子之道也。

賢人得上不虛，得下不危，言聽於君必利人，教行下必於上，是以言明而易知也，行明而易從也，行義可明乎民，謀慮可通乎君臣。——〈非儒下〉

夫爲弟子後生，其師，必修其言，法其行，力不足，知弗及而後已。——〈非儒下〉

知材，知也者，所以知也，而必知，若明。——〈經說上〉

仁，愛己者非爲用己也。不若愛馬，著若明。——〈經說上〉

義，志以天下爲芬。——〈經說上〉

行，所爲不善名，行也。所爲善名，巧也，若爲盜。——〈經說上〉

實，其志氣之見也，使人如己，不若金聲玉服。——〈經說上〉

信，不以其言之當也，使人視城得金。——〈經說上〉

所令，非身弗行。——〈經說上〉

任，爲身之所惡，以成人之所急。——〈經說上〉

利，得是而喜，則是利也。其害也，非是也。——〈經說上〉

害，得是而惡，則是害也。其利也，非是也。——〈經說上〉

仁，仁愛也。義，利也。愛利，此也。所愛所利，彼也。——〈經說下〉

斷指以存牽，利之中取大，害之中取小也。害之中取小也，非取害也，取利也，其所取者，人之所執也。

利之中取大，非不得已也；害之中取小，不得已也。——〈大取〉

愛人不外己，己在所愛之中。 ——〈大取〉

聖人惡疾病，不惡危難。 ——〈大取〉

爲賞譽利一人，非爲賞譽利人也。 ——〈大取〉

夫辯者，將以明是非之分，審治亂之紀，明同異之處，察名實之理，處利害，決嫌疑。 ——〈大取〉

其然也同，其所以然不必同。 ——〈小取〉

能談辯者談辯，能說書者說書，能從事者從事，然後義事成也。 ——〈小取〉

和氏之璧，隋侯之珠，三棘六異，此諸侯之所謂良寶也。可以富國家、衆人民、治刑政、安社稷乎？曰不可。所謂貴良寶者，爲其可以利也。而和氏之璧、隋侯之珠、三棘六異不可以利人，是非天下之良寶也。 ——〈耕柱〉

君子無鬥。——〈耕柱〉

義，天下之良寶也。——〈耕柱〉

今大國之攻小國也，攻者農夫不得耕，婦人不得織，以守爲事；攻人者，亦農夫不得耕，婦人不得織，以攻爲事。故大國之攻小國也，譬猶童子之爲馬也。——〈耕柱〉

言足以復行者，常之；不足以舉行者，勿常。——〈耕柱〉

世俗之君子，貧而謂之富，則怒，無義而謂之有義，則喜，豈不悖哉！——〈耕柱〉

吾以爲古之善者則誅之，今之善者則作之，欲善之益多也。——〈耕柱〉

天下莫不欲與其所好，度其所惡。今子聞其鄉有勇士焉，必從而殺之，是非好勇也，是惡勇也。——〈耕柱〉

萬事莫貴於義。——〈耕柱〉

凡言凡動，利於天鬼百姓者爲之；凡言凡動，害於天鬼百姓者捨之；凡言凡動，合於三代聖王堯舜禹湯文武者爲之；凡言凡動，合於三代暴王桀紂幽厲者捨之。——〈貴義〉

言足以遷行者，常之；不足以遷行者，勿常。——〈貴義〉

嘿則思，言則誨，動則事。——〈貴義〉

必去喜、去怒、去樂、去悲、去愛，而用仁義。手足口鼻耳，從事於義，必爲聖人。——〈貴義〉

世之君子，使之爲一犬一彘之宰，不能則辭之；使爲一國之相，不能而爲之。豈不悖哉！——〈貴義〉

天下之君子不知仁者，非以其名也，亦以其取也。——〈貴義〉

世之君子欲其義之成，而助之修其身則慍，是猶欲其牆之成，而人助之築則慍也，豈不悖哉！ ——〈貴義〉

古之聖王，欲傳其道於後世，是故書之竹帛，鏤之金石，傳遺後世子孫，欲後世子孫法之也。今聞先王之遺而不為，是廢先王之傳也。 ——〈貴義〉

貧家而學富家之衣食多用，則速亡必矣。 ——〈貴義〉

子墨子曰：世俗之君子，視義士不若負粟者。今有人於此，負粟息於路側，欲起而不能，君子見之，無長少貴賤，必起之，何故也？曰義也。今為義之君子，奉承先王之道以語之，縱不說而行，又從而非毀之。則是世俗之君子之視義士也，不若視負粟者也。 ——〈貴義〉

商人之四方，市賈信徙，雖有關梁之難，盜賊之危，必為之。今士坐而言義，無關梁之難，盜賊之危，此為信徙，不可勝計，然而不為。則士之計利不若商人之察也。 ——〈貴義〉

行不在服。——〈貴義〉

國之治。治之廢，則國之治亦廢。國之富也，從事，故富也。從事廢，則國之富亦廢。

故雖治國，勸之無饜。——〈公孟〉

夫義，天下之大器也，何以視人必強爲之。——〈公孟〉

夫智者，必量其力所能至而從事焉。——〈公孟〉

稱我言以毀我行，愈於亡。——〈公孟〉

政者，口言之，身必行之。——〈公孟〉

大國之攻小國也，是交相賊也，過必反於國。——〈魯問〉

今有人於此，竊一犬一彘則謂之不仁，竊一國一都則以爲義。譬猶小視白謂之白，大視

白則謂之黑。是故世俗之君子，知小物而不知大物者，此若言之謂也。——〈魯問〉

少知義而教天下以義者，功亦多，何故弗言也？——〈魯問〉

凡入國，必擇務而從事焉。國家昏亂，則語之尚賢、尚同；國家貧，則語之節用、節葬；國家喜音湛湎，則語之非樂、非命；國家淫僻無禮，則語之尊天、事鬼；國家務奪侵凌，則語之兼愛、非攻。——〈魯問〉

處高爵祿而不以讓賢，一不祥也；多財而不以分貧，二不祥也。——〈魯問〉

言義而弗行，是犯明也。——〈魯問〉

所謂功，利於人謂之巧，不利於人謂之拙。——〈魯問〉

知而不爭，不可謂忠。爭而不得，不可謂強。——〈公輸〉

治於神者，衆人不知其功，爭於明者，衆人知之。

——〈公輸〉

◎後記

今年四月，我們接到了《墨家智謀》的寫作任務。坦率地說，對於墨家，只知道墨子是這個學派的創始人，知道墨子與公輸般曾在楚國的宮殿裡有過一場關於戰爭攻與守的爭論，知道墨家是諸子百家中占據著重要地位的一家。除此之外，對於墨家沒有更多的瞭解與研究。

找來《墨子》一書，選讀了其中幾個章節。很快，我們就被墨家博大精深的理論、求眞務實的精神吸引住了。

案頭準備是認眞的。我們花了近兩個月的時間，跑書店，泡圖書館，通讀了所能蒐集到的關於墨家的資料，並作了詳細筆記。

暑期來臨，我們開始動筆。

素有「火爐」之稱的武漢，今年夏天並不太熱，這給我們的寫作帶來了便利。整部書，就這樣一氣呵成寫下來了。

爲了能夠按時交稿，我們放棄了出外旅遊的計畫，謝絕了幾乎所有社交，曾一度中止了每天雷打不動的晨練，與電視更是無緣。寫作當中，也曾遇到過困難，有時爲查證一句話、一個字，翻閱大量的資料，弄得人疲憊不堪。有時感到筆頭板滯、思維枯澀，欲寫不能、欲罷不忍。遇到這種情況，只好停下筆，清醒清醒頭腦，理順思維，再往下寫。

寫作這本書，也是我們重新學習的過程。不僅是學習墨家博大精深的理論和思想，更是汲取墨家偉大的人格力量。墨家那種知難而上、以苦爲樂的精神，無時無刻不在鼓舞著我們。正是這種精神的激勵，使得我們能夠克服許多困難，完成了本書的寫作。

當我們在電腦上敲下最後一個字元時，落葉滿地，夕陽西斜，窗外已是秋天的景象了。捧著這一大摞列印稿，就像是農夫看著禾場上如山的糧垛。付出了一個夏天的辛勤勞動，在這秋的黃昏裏，我們享受著收穫的愉悅。

墨子是一位偉大的學者。墨家理論對中國文化的貢獻，無疑是巨大的。然而，相比儒家、道家、兵家而言，我們對墨家的研究，還很不夠。特別是關於介紹墨家的通俗讀物，還沒有見到。這本書，在這方面試圖作了一些努力，談不上是研究，只能說是我們對墨家理論的學習心得。掛一漏萬，我們對墨家的認識，遠不及我們沒有認識到的。這本書的出版，拋磚引玉，以此就教於方家，請讀者諸君多多批評。

行筆至此，特別要感謝本書的主編阮忠先生，沒有他的鼓勵和催促，這本書也是難以按時交稿的。

墨家智謀

中國智謀叢書 7

作　　者／高衛華、郭化夷
出 版 者／千聿企業社出版部
地　　址／嘉義市自由路328號
電　　話／(05)2335081
傳　　真／(05)2311002
郵撥帳號／31460656
戶　　名／千聿企業社
印　　刷／鼎易印刷事業股份有限公司
ISBN／957-30294-6-4
初版一刷／2001年11月
定　　價／300元

總 經 銷／揚智文化事業股份有限公司
地　　址／台北市新生南路三段88號5樓之6
電　　話／(02)2366-0309　2366-0313
傳　　真／(02)2366-0310

國家圖書館出版品預行編目資料

墨家智謀／高衛華, 郭化夷著. -- 初版. --
嘉義市：千聿企業, 2001[民 90]
面；　公分. --（中國智謀叢書；7）

ISBN 957-30294-6-4（精裝）

1. 墨家－通俗作品 2. 謀略學

121.4　　90017045